omnibus

Thierry Maugenest

LES SPAGHETTIS DE BAUDELAIRE

ou
50 conseils pour briller
en cours de lettres

omnibus

ISBN : 978-2-258-16171-9
N° Editeur : 1043
Dépôt légal : février 2019

Omnibus | un département **place des éditeurs**

place
des
éditeurs

Sommaire

Avant-propos

par Gorgs Prc

Tout d'abord, lisant ça d'un air distrait, on n'y voit qu'amphigouris, galimatias, charabias parodiant Zola, Rimbaud, Camus, Sand, Dumas, Proust, Giono, Angot, Godot… (Moi, qui signai pourtant *La Disparition* – un roman plutôt ardu –, n'y ai vu tout au plus qu'un brouillon obscur.) On finirait par courir aux abris ! Puis, *piano piano*, au fil du discours, nous saisissons tout, d'A à Z. Tout naquit au fond d'un pari fou : vous offrir un cours ! Non pas un cours d'un instit lassant ou d'un prof accablant parlant introduction ou conclusion, mais un cours par l'humour ; à propos d'un roman original ici, là d'un courant, parfois d'un accord pronominal actif ou passif, d'un substantif abscons. Alors, surpris par un culot si incisif, on dit qu'on a dans nos mains un bijou, un joyau. On sourit, on rit, puis on jouit d'un cours clair, consistant, jailli d'un gai savoir, ni trop fin ni trop brut ! Pour finir, on applaudit à tout va à tant d'instruction, à tant d'inspiration. Nous n'avons alors plus qu'un souhait : parcourir l'opus jusqu'au bout. Puis l'offrir aussitôt à tous.

Avertissement

de Jean-René Pécuchet
Haut conseiller au ministère de l'Éducation nationale

Voici des cours de français, me dit-on, que nul professeur n'a jamais osé dispenser ; des cours que certains collégiens, lycéens, étudiants en lettres, rêveraient de suivre. Que n'affirme-t-on pas à propos de cet ouvrage ! À défaut d'avoir la bosse des maths, cet anti-manuel permettrait à celles et ceux qui s'inspirent de ses conseils de devenir le boss des lettres ! Bigre, quelle prétention ! Quant à moi, s'il m'est permis ici d'être franc, je trouve que les leçons et les conseils contenus dans ce guide sont parfois iconoclastes, souvent fantaisistes, voire entachés d'un brin de mauvaise foi ! On me rétorque que le fond est parfaitement documenté, que l'auteur est un défricheur de jungle littéraire, un dénicheur de textes, un passionné. Certes. Mais la littérature est chose sérieuse. Elle doit par conséquent s'enseigner doctement. Ce n'est pas Yves Clos et Peggy Favardin qui soutiendront le contraire, eux qui ont publié un ouvrage souvent imité mais jamais égalé, je fais bien sûr référence au fameux *Didactique de la pédagogie de l'enseignement des lettres à destination des maîtres-formateurs encadrant des professeurs en situation de transmission du savoir* (éditions du Pensum). Pour toutes ces raisons, les services que je dirige n'ont pas jugé bon d'accorder aux *Spaghettis de Baudelaire* le label Éducation nationale. Toutefois, aucune *fake news* littéraire n'ayant été relevée dans cet ouvrage, le ministère n'a pas été en mesure d'en interdire la publication, raison pour laquelle vous tenez aujourd'hui ce livre entre vos mains… à vos risques et périls.

AUTEURS ET COURANTS LITTÉRAIRES

La culture, c'est ce qui reste
quand on a tout publié

Jean-Baptiste Botul

Générateur de citations

Une citation d'un auteur classique est très appréciée. Cependant, il est souvent malaisé de se souvenir de la phrase qui illustrera parfaitement votre pensée du moment. Voici pourquoi il est conseillé d'utiliser un générateur de citations. Une fois que vous aurez confectionné – parmi ces cinq cents combinaisons possibles ! – la phrase la mieux adaptée à votre propos, il restera à l'attribuer au choix à Gandhi, Einstein, Socrate ou Confucius, des auteurs à qui l'on fait souvent dire tout et n'importe quoi !

Le roman		un silence	
Un livre		un ami	
Le passé		un berger	qui éclaire la route.
La littérature		une chance	qui ne ment jamais.
L'amour		une flèche	qui montre la direction.
Le présent	est	un songe	qui dévoile un mystère.
L'art		une carte	qui soulage les maux.
La poésie		une illusion	
L'amitié		un guide	
L'espoir		une lumière	

Roman de bonne femme

Choisissez toujours avec soin votre manuel de littérature. Évitez par exemple d'opter pour une édition ancienne, comme le Précis de littérature française *d'un certain Ch.-M.* Des Granges. *Vous risqueriez en effet d'assimiler des leçons qui ruineraient vos espoirs de réussite scolaire. Voici l'une d'elles :*

Le Roman féminin. Il n'est pas surprenant que le roman ait attiré tant de femmes-écrivains. De tous les genres, il est celui qui laisse à la personnalité de l'auteur le plus de liberté. On peut donc supposer que, sur certains sujets psychologiques et sociaux, le roman féminin sera, par sa source même, un document original ; cependant, il est très rare que cette attente ne soit pas déçue. La plupart des *romancières*, soucieuses avant tout de prouver qu'elles ne sont point inférieures aux *romanciers*, traitent des thèmes usés qu'elles ne renouvellent que par l'exagération et l'incompétence.

Précis de littérature française,
éditions Hatier, 1933 (p. 449)

ÉPOQUE ÉPIQUE

Le lexique auquel vous ferez appel pour parler d'un texte sera très différent suivant le registre de l'œuvre que vous étudierez. Ainsi, si vous évoquez un texte épique, vous n'hésiterez pas à utiliser les termes habituellement employés dans… les publicités pour les shampooings ! Etonnamment, ce vocabulaire si particulier (en gras ci-dessous) vous sera d'un grand secours pour décrire aussi bien la forme que le fond de la littérature épique.

La **structure** même de *La Chanson de Roland*, découpée en quatre parties, donne un étonnant **volume** à ce poème épique. L'auteur y évoque le combat qui opposa le chevalier Roland à une armée sarrasine. La **tonalité** tragique du récit, avec **ses reflets noirs intenses**, est **magnifiée** par les 4 000 vers que compte l'œuvre. Le personnage central est Roland, auquel le chant donne **une épaisseur** mythique. La deuxième partie de la chanson de geste, consacrée à la description de la bataille de Roncevaux, met en scène un guerrier d'une **grande puissance**, d'une **extrême robustesse** parfois, qui s'illustre par **l'éclat** et la **brillance** de ses faits d'armes. **Fortifié** par son épée mythique, Durandal, Roland va faire preuve d'une **résistance** héroïque qui **retardera la chute** de son armée face à l'ennemi.

Du privé au public

Lorsque vous étudiez les poètes français, ne vous limitez pas à leurs œuvres. Songez aussi à jeter un coup d'œil sur leur correspondance. En vous penchant ainsi sur les lettres des grands auteurs, vous y noterez parfois un certain relâchement stylistique.

~•~

Extrait d'une œuvre de Paul Éluard

Je t'aime pour toutes les femmes que je n'ai pas connues/Je t'aime pour tous les temps où je n'ai pas vécu/Pour l'odeur du grand large et l'odeur du pain chaud/ (Le Phénix)

Extrait de la correspondance de Paul Éluard

*Hier soir je me suis magnifiquement bran** en pensant à toi. [...] Tout est beau en toi : tes yeux, ta bouche, tes cheveux, tes seins, tes poils, tes fesses, ton sexe, tes jambes, tes mains qui ne lâchent plus ce qu'elles bran**.*

Extrait d'une œuvre d'Apollinaire

Je t'aime éperdument ma chère
J'ai perdu le sens de la vie
Je ne connais plus la lumière
Puisque l'Amour est mon envie
Mon soleil et ma vie entière

Poèmes à Lou

Extrait de la correspondance d'Apollinaire

*Il me tarde que tu sois là. Si tu savais comme j'ai envie de faire l'amour, c'est inimaginable. C'est à chaque instant la tentation de saint Antoine, tes totos chéris, ton c** splendide, tes poils, ton tr**de balle, l'intérieur si animé, si doux et si serré de ta petite sœur, je passe mon temps à penser à ça, à ta bouche, à tes narines. C'est un véritable supplice. C'est extraordinaire, ce que je peux te désirer. Tu m'as fait oublier mes anciennes maîtresses à un point inimaginable. Pourtant elles étaient jolies. Je ne les vois plus que comme de la m**.*

Pudeurs

Certains auteurs sont parfois si pudiques quand ils évoquent le sexe que leurs lecteurs ont du mal à comprendre le fond de leur pensée. Afin d'éviter tout contresens, voici quelques explications dans un langage on ne peut plus clair.

• « Moi qui suis vicieux en soudaineté. » (Montaigne, *Les Essais,* chapitre 5, livre III.)

Comprendre ici : Moi qui suis un éjaculateur précoce.

• « La Nature m'a traité illégitimement, et d'une lésion énormissime. » (Montaigne, *Les Essais,* chapitre 5, livre III.)

Comprendre ici : J'ai un micropénis.

• « Alexandrine était adorable. Je n'ai rien vu d'aussi joli. Je la manquai parfaitement. J'eus recours à un dédommagement. » (Stendhal, *Souvenirs d'égotisme.*)

Comprendre ici : J'ai eu une panne sexuelle, je me suis débrouillé autrement.

• « Au milieu de la gymnastique que je faisais [avec Gilberte] sans qu'en fût à peine augmenté l'essoufflement que me donnaient l'exercice musculaire et l'ardeur du jeu, je répandis, comme quelques gouttes de sueur arrachées par l'effort, mon plaisir auquel je ne pus pas même m'attarder le temps d'en connaître le goût. (Proust, *À l'ombre des jeunes filles en fleurs*.)

Comprendre ici : Tout en jouant avec Gilberte, je me suis discrètement masturbé et j'ai eu un petit orgasme dans mon pantalon.

La leçon des Goncourt

Les Goncourt, avant de désigner les prestigieux lauréats d'un prix littéraire, furent deux romanciers du XIXe siècle. Malgré leur talent, il arrivait parfois à Jules et Edmond de commettre des maladresses qu'il vous appartiendra d'éviter :

« Il fallait que mademoiselle la rasseyât de force. » (*Germinie Lacerteux.*)

Le verbe *rasseyer* n'ayant toujours pas été inventé, vous lui préférerez indéfectiblement le verbe *rasseoir.*

Dans vos écrits, demandez-vous si oui ou non votre personnage a des dents, si oui ou non il a une barbe. Vous éviterez aussi de décrire des larmes qui applaudissent :

« Ce soir, au dessert, en croquant des noisettes avec des dents absentes, la sœur nous raconte… »

« Le jeune Léon rit dans sa barbe future. »

« Ce discours fut applaudi par deux larmes coulant sur la figure de l'amiral Jauréguiberry… » (*Journal.*)

Suivant le cas, vous emploierez les verbes *jeter, projeter* ou *créer,* plutôt que le verbe *mettre,* accommodé à toutes les sauces par Jules et/ou Edmond Goncourt :

« Les ombres des arbres *mettaient* de grandes taches diffuses. » (*Les Frères Zemganno.*)

« Un rayon, filtrant par une fente mal jointe, *mettait* une danse poussiéreuse… » (*Ibid.*)

« Le visage de la Faustin se détacha avec une toute petite touche de lumière sur le front qui *mettait* un éclair mouillé dans le bas de la prunelle… » (*La Faustin.*)

Le verbe *cesser* est très correct en français… il est donc inutile de créer le verbe *décesser*.

« La canonnade qui ne décesse pas… » (*Journal.*)

Haïkus à bon compte

La poésie japonaise est en vogue. Si d'aventure vous deviez à votre tour composer des haïkus, il existe un moyen de créer sans effort ces petites pièces poétiques. Il suffit de cueillir quelques mots dans les œuvres de grands versificateurs occidentaux, puis de les disposer à la manière des poètes de l'Empire du Soleil levant. Résultat garanti. Bien entendu vous ne vous trahirez pas, comme dans les exemples ci-dessous, en indiquant le titre et l'auteur du poème source.

ALICANTE

(emprunté à Prévert)

Une orange sur la table
Ta robe sur le tapis
Toi, dans mon lit

LA FORÊT VIERGE

(emprunté à Leconte de Lisle)

La forêt
Ses feuillages houleux
Soupir immense

À UNE PASSANTE

(emprunté à Baudelaire)

La rue assourdissante
Une passante
Fugitive beauté

LE COR

(emprunté à Vigny)

L'air sans bruit
La nuit
Grelot du jeune agneau

Littérature comparée
(Première partie)

Combien d'auteurs ont évoqué les plaisirs de la natation ! Aussi, dans le cadre d'un travail sur la littérature comparée, tentez d'analyser les forces et les faiblesses de ces deux extraits qui abordent ce même thème. Ne vous sentez pas tenu à une quelconque parité : le cas échéant, vous pourrez très bien concentrer vos louanges sur un texte et vos critiques sur l'autre.

Il me faut être nu et puis plonger dans la mer, encore tout parfumé des essences de la terre, laver celles-ci dans celle-là, et nouer sur ma peau l'étreinte pour laquelle soupirent lèvres à lèvres depuis si longtemps la terre et la mer. Entré dans l'eau, c'est le saisissement, la montée d'une glu froide et opaque, puis le plongeon dans le bourdonnement des oreilles, le nez coulant et la bouche amère – la nage, les bras vernis d'eau sortis de la mer pour se dorer dans le soleil et rabattus dans une torsion de tous les muscles ; la course de l'eau sur mon corps, cette possession tumultueuse de l'onde par mes jambes – et l'absence d'horizon.

Albert Camus, *Noces*

Se déplacer de façon autonome, plus longtemps, plus vite, dans un milieu aquatique profond standardisé. Construire la capacité à traverser l'eau avec le moins de résistance en équilibre horizontal par immersion prolongée de la tête. Construire le corps propulseur pour nager plus longtemps. Apprendre sa propre sécurité. Construire des points d'appuis efficaces favorisant un déplacement fluide. Prendre des informations sur soi pour favoriser un déplacement efficace et économique. S'immerger, construire la capacité à s'équilibrer sans avoir pied.

Hauts conseillers du ministère
de l'Education nationale,
Projet pour le cycle 4

Littérature comparée

(Seconde partie)

La contrariété, l'accablement, l'exaspération sont des thèmes maintes fois traités par la littérature. Dans le cadre d'un travail sur l'évolution des formes littéraires, vous analyserez les forces et les faiblesses des deux extraits suivants, écrits à plusieurs siècles d'intervalle.

Ô rage ! Ô désespoir ! Ô vieillesse ennemie !
N'ai-je donc tant vécu que pour cette infamie ?
Et ne suis-je blanchi dans les travaux guerriers
Que pour voir en un jour flétrir tant de lauriers ?
Mon bras, qu'avec respect toute l'Espagne admire,
Mon bras, qui tant de fois a sauvé cet empire,
Tant de fois affermi le trône de son roi,
Trahit donc ma querelle, et ne fait rien pour moi ?
Ô cruel souvenir de ma gloire passée !
Œuvre de tant de jours en un jour effacée !
Nouvelle dignité, fatale à mon bonheur !
Précipice élevé d'où tombe mon honneur !

Corneille, *Le Cid*

Ah là là mon Dieu, qu'est-ce que j'en ai marre, mon Dieu, mais j'en ai marre, j'en ai marre, j'en ai marre, mais j'en ai marre !... Mais j'en ai marre, mais marre, mais j'en ai marre, marre, marre, mais marre ! J'en ai marre j'en ai marre j'en ai marre, mais qu'est-ce que j'en ai marre, mais qu'est-ce que j'en ai marre mon Dieu...

Christine ANGOT, *Un amour impossible*

Du sommet à l'abîme

Les commentaires de poèmes visent toujours à démontrer le génie de l'auteur, et les allitérations ou les assonances ne sont relevées que pour souligner ses qualités poétiques. Il est dommage de ne jamais pratiquer l'exercice inverse. Pourquoi, en effet, ne pas utiliser l'analyse poétique pour démolir un poème, pour montrer en quoi ses vers sont indéniablement mauvais, voire burlesques ?

Ainsi, vous analyserez les vers suivants :

Crois-tu de ce forfait Manco-Capac capable ?

(Antoine Le Blanc, *Manco-Capac*)

De nos chaumes, gruyère avouerait les fromages
Toutefois mon pinceau cherche d'autres images
L'humanité souffrante a des droits sur mon cœur

(F. de Neufchâteau, *Des Vosges*)

Toujours au milieu du salpêtre... être
Percer partout comme un éclair... l'air
Ne se plaire qu'où la trompette... pète
De bon œil les soldats qui font bien leur devoir...
voir

(Paul PELLISSON)

J'habite à la montagne et j'aime à la vallée

(Vicomte d'ARLINCOURT, *Le Siège de Paris*)

Tes traits trop tentatifs tentaient ton tentateur

(PATRAT, *Les Amants Protée*)

Je suis romaine hélas, puisque mon époux l'est

(CORNEILLE, *Horace*)

SÉVIGNÉ@GRIGNAN.FR

Prenez garde aux mots dont le sens a évolué au fil des siècles. Certains termes prêtent en effet à confusion et vous risquez, en les prenant au pied de la lettre, de commettre de coupables anachronismes.

• Non ! Ni Polyeucte, ni Britannicus n'avaient l'habitude, tels les personnages d'un western, de voyager à bord d'une diligence. Et les vers suivants, de Corneille et de Racine, se contentent d'utiliser une tournure qui exprime alors la hâte :

> *Si vous me l'ordonnez, j'y cours en diligence* (Polyeucte)
> *Prince, que tardez-vous ? Partez en diligence* (Britannicus)

• Quant à Madame de Sévigné, elle n'était nullement une accro d'Internet qui passait son temps à envoyer des courriels. Si certains soutiennent que la marquise évoque pourtant l'adresse d'un *mail,* en s'adressant à sa fille, il s'agit non pas des coordonnées d'un correspondant mais de la situation d'un lieu de promenade. Quant à *l'émail de Madame de Sévigné*, le premier *e* étant accentué, il ne désigne pas une messagerie électronique mais un portrait que fit de la marquise Jean Petitot, célèbre portraitiste du XVIIe siècle, dit le Raphaël de la peinture en émail.

L'émail de madame de Sévigné

Intertextualité

Lorsqu'on mêle les vers d'un grand poète à ceux de l'un de ses pairs, l'œuvre inédite qui en découle est très acceptable ; comme ici, par exemple, en mariant Rimbaud et Baudelaire :

C'est un trou de verdure où chante une rivière
Dans une ténébreuse et profonde unité

Mais qu'advient-il lorsqu'on rapproche les vers qui comptent parmi les plus beaux de la poésie française, comme « Harmonie du soir » de Baudelaire, à ce qu'il existe de moins abouti dans le patrimoine poétique national, en l'occurrence « La Photocopieuse » de Cauet ? Après avoir lu le poème ci-dessous, vous vous demanderez si le génie l'emporte sur la médiocrité ou bien, au contraire, si celle-ci entraîne le premier dans sa chute.

L'AGRAFEUSE DU SOIR

Ce soir, répare-moi la photocopieuse
Avec tes grosses mains baladeuses
Chaque fleur s'évapore ainsi qu'un encensoir
Les sons et les parfums, tes outils, ta perceuse
tournent dans l'air du soir
Valse mélancolique et langoureux vertige !
Ce soir prends-moi sur la photocopieuse,
Chaque fleur s'évapore ainsi qu'un encensoir
Vas-y sors ton outil et rends-moi bien heureuse
Le violon frémit comme un cœur qu'on afflige ;
Vas-y révise-moi la boîte agrafeuse
Valse mélancolique et langoureux vertige !

Acrostiche

Analyser un poème n'est pas un exercice simplement destiné à réussir un examen. Auguste Mangeot par exemple, un grand critique musical, aurait dû s'en souvenir. Lorsqu'un correspondant anonyme lui adressa le sonnet suivant, il le trouva si beau qu'il le publia dans Le Monde musical. *Il ne se doutait pas que ce poème lui avait été envoyé par un grand écrivain, Henry Gauthier-Villars, dit Willy, qui, à la suite d'une querelle avec lui, était bien décidé à lui tendre un piège. Avez-vous trouvé de quelle manière le poète a assouvi sa vengeance ?*

Musique, tu me fus un palais enchanté
Au seuil duquel menaient d'insignes avenues
Nuit et jour, des vitraux aux flammes continues,
Glissait une adorable et vibrante clarté.

Et des chœurs alternant, – dames de volupté,
Oréades, ondins, faunes, prêtresses nues, –
Toute la joie ardente essorait vers les nues,
Et toute la langueur et toute la beauté.

Sur un seul vœu de moi, désir chaste ou lyrique,
Ta fertile magie a toujours, ô musique !
Bercé mon tendre songe ou mon brillant désir.

Et quand viendra l'instant ténébreux et suprême,
Tu sauras me donner le bonheur de mourir,
En refermant les bras sur le Rêve que j'aime !

Réponse :

Ce sonnet est un acrostiche désobligeant pour Auguste Mangeot.

ORTHOGRAPHE ET GRAMMAIRE

Mieux vaut avoir un incontestable talent d'écrivain
et commettre des fautes dans l'écriture des mots,
qu'avoir une orthographe irréprochable
mise au service d'un style médiocre.

Bernard Pivot

La Retraite à Montaigne

Le père au duc, écrivait Jean de Joinville. Aujourd'hui, c'est la préposition de et non à qu'il convient d'employer. Pourtant, quelques locutions dérogent à cette règle grammaticale, telles que la bête à bon Dieu ou la barbe à papa, ou encore les constructions qui introduisent un pronom, un ami à lui ou mon mec à moi, comme le chantait Patricia Kaas. Mais qu'en est-il de Montaigne ? Fait-il lui aussi exception à la règle pour que plusieurs manuels de littérature dont le Lagarde et Michard évoquent la retraite à Montaigne ?

En 1477, Ramon Eyquem, l'arrière-grand-père de l'auteur des *Essais*, fit l'acquisition de la seigneurie périgourdine de Montaigne, composée de terres et d'un château. Il accédait ainsi au statut de seigneur de Montaigne, nom que porteront ses descendants, dont Michel Eyquem, dit Montaigne. Ce dernier, après avoir abandonné sa charge au parlement, décide de se retirer sur ses terres de Montaigne. Il s'agit donc bien d'un retour dans son fief : une retraite *à* Montaigne (et non d'une pension que toucherait le retraité Michel Eyquem !). Cependant, les responsables de la publication de certains manuels scolaires ont supprimé l'évocation de *la retraite à Montaigne*. Plusieurs remarques de professeurs les ont en effet convaincus de l'ambiguïté de cette expression auprès d'une classe dont certains éléments persistaient à évoquer les alexandrins à Racine, ou la prose à Flaubert !

Formes fantomatiques

Ne confondez jamais formes défectives et formes inusitées. Les premières concernent par exemple les verbes dits météorologiques, comme pleuvoir, neiger, grêler, etc., qui ne s'emploient qu'à la troisième personne du singulier : il pleut, il neige, il grêle. En revanche, pourquoi ne pas utiliser les formes inusitées de certains verbes, qui, bien que rarissimes, sont parfaitement correctes. Saviez-vous par exemple que l'infinitif de issu est issir ? L'infinitif de ça boume n'est autre que boumer, ou encore l'infinitif de bienvenu est bienvenir. En voici quelques autres en situation :

Le jour poignait lorsque Rodolphe, en urgeant, se mut pour retrouver Mathilde. Il savait qu'il se ferait bienvenir. Après s'être enquis de sa santé – boumait-elle depuis son rhume ? –, il compta stupéfaire son amie en lui avouant ses sentiments. La bouche de celle-ci se mit à béer, puis, saisie par l'émotion, elle dut gésir sur le divan. Rodolphe, ne voulant pas forfaire, décida d'appeler les domestiques. Après avoir féru et brui pour les faire venir, il s'écria :

— Oignons-la d'un baume, je crains qu'elle ne transisse !

Quand Mathilde reprit enfin ses esprits, Rodolphe renvoya valets et servantes et, closant la porte derrière eux, il rassura sa bien-aimée : il n'était pas question de se compénétrer avant le mariage. Il avait d'ailleurs avec lui une bague dont il pensa qu'elle devait seoir à la jeune femme. Il la lui offrit.

— Où l'avez-vous achetée ?

— Dans une boutique sise rue des Dames. J'étais sûr qu'elle ne vous messiérait pas.

Cacographie

à C. M.

Bien avant la consécration de la dictée, les contrôles orthographiques et grammaticaux reposaient sur la cacographie. Celle-ci apparut dès 1803 avec le Recueil de phrases dans lesquelles on a violé à dessein l'orthographe des mots *de J. Boinvilliers. En 1820, l'instituteur F. Munier enrichit à son tour la méthode de Boinvilliers en publiant* La Cacographie méthodique. *Contrairement aux usages d'aujourd'hui, il s'agissait pour les élèves de corriger un texte comportant des fautes. Sur ce modèle, retrouvez les 50 erreurs qui se sont glissées dans le texte ci-dessous.*

Dès qu'il fût en Grèce, Anatole visita à pieds l'Aéropage, puis le temple d'Appollon et enfin la gallerie du musée d'Athène. Quel tripe ! Et quelle belle antidote à son afliction. Son seul remord : ne pas être parti plutôt. En effet, après qu'il eût été nommé professeur, les juillet s'étaient succédés sans qu'il trouva le temps de revenir dans les contrés de ses premiers amours. Anatole était intarrissable sur l'éthymologie grèque, le champs de ses connaissances sur la poterie crêtoise ou les énigmes du sphynx était illimités, un vrai cauchemard pour les guides touristiques, qui ne pouvaient s'exprimer sans qu'il ne les corrigeat à l'envie. S'en était caucasse ! Il n'y eut guerre que Maria, l'associé d'un petit hermitage d'Olympie, qui trouvat grasse a ses yeux. Il eût un long entretient avec elle, relative aux guères médiques, et elle eût l'heure de lui plaîre. Celle ci avait reconnut en Anatole l'un de ses gentilhommes qui postulaient à une idyle avec elle.

Corrigé

Dès qu'il **fut** en Grèce, Anatole visita à **pied** l'**Aréopage**, puis le temple d'**Apollon** et enfin la **galerie** du musée d'**Athènes**. Quel **trip** ! Et **quel bel** antidote à son **affliction**. Son seul **remords** : ne pas être parti **plus tôt.** En effet, après qu'il **eut** été nommé professeur, les **juillets** s'étaient **succédé** sans qu'il **trouvât** le temps de revenir dans les **contrées** de ses **premières** amours. Anatole était **intarissable** sur l'**étymologie grecque**, le **champ** de ses connaissances sur la poterie **crétoise** ou les énigmes du **sphinx** était **illimité**, un vrai **cauchemar** pour les guides touristiques, qui ne pouvaient s'exprimer sans qu'il **ne** les **corrigeât** à l'**envi**. **C'**en était **cocasse** ! Il n'y eut **guère** que Maria, l'**associée** d'un petit **ermitage** d'Olympie, qui **trouvât grâce à** ses yeux. Il **eut** un long **entretien** avec elle, **relatif** aux **guerres** médiques, et elle **eut** l'**heur** de lui **plaire. Celle-ci** avait **reconnu** en Anatole l'un de **ces gentilshommes** qui postulaient **à** une **idylle** avec elle.

Crise de foi

Il y a longtemps déjà que les jeunes entendent leurs aînés se plaindre de la faiblesse de leur niveau scolaire. Plutôt que d'en prendre ombrage, il importe pour vous de retenir les arguments utilisés par vos glorieux anciens et de les réutiliser le moment venu face à la prochaine génération ! Mais, pour l'instant, après avoir lu attentivement le texte suivant, écrit en 1959, vous répondrez aux questions ci-dessous.

Il y a une crise du français, tout le monde en convient : la faiblesse des copies aux examens et aux concours des grandes écoles, les réflexions sévères des employeurs professionnels sur les rapports que rédigent nos anciens élèves témoignent non seulement d'une dégradation du langage, mais aussi de mauvaises habitudes de pensée : sujets mal saisis, plan flou, argumentation faible, voire incohérente, expression hésitante et imprécise. Devant les résultats si médiocres, professeurs et élèves se découragent et la composition française devient une corvée pour tout le monde.

J. Beaugrand, *Introduction* du *Manuel pratique de composition française*, éditions Hachette.

Questions :

1 Selon vous, l'auteur aurait-il dû supprimer l'adjectif *professionnels* après *employeurs* afin d'éviter de publier un pléonasme dès la troisième ligne de son manuel ?

2 Si oui, cette maladresse illustre-t-elle le propos de l'auteur sur le déclin de la maîtrise de la langue française qu'il se propose justement de combattre ?

Pas d'amalgame avant la prière du soir

N'hésitez pas à vous pencher sur l'étymologie des mots que vous rencontrez dans vos lectures : celle-ci est une machine à remonter le temps qui rétablit parfois quelques vérités. Les îles Canaries par exemple tiennent leur nom du latin *Canariae Insulae* qui signifie l'île aux chiens. De même, lorsque Rabelais, dans Gargantua, évoque le vol d'une coquecigrue, il n'emprunte pas, par anticipation, le nom du hibou postal de Harry Potter, mais désigne un animal imaginaire dont le nom est composé de l'amalgame de coq, cigogne et grue. Et puisqu'il est question d'amalgame, ce terme, attesté en français dès 1250, vient du latin *amalgama*, qui l'a lui-même emprunté à l'arabe *āmal al-jamāa*, qui signifie union charnelle ou coït. Ainsi – d'un point de vue strictement étymologique –, l'expression suivante : « Il convient de ne pas faire d'amalgame » incite à une stricte abstinence sexuelle. Et « Je ne couche pas le premier soir » pourrait très bien s'exprimer ainsi : « Je ne fais jamais d'amalgame le premier soir. »

QUESTION DE STYLE

Le style n'est rien
mais rien n'est sans le style

Rivarol

DES SINGULIERS BIEN SINGULIERS

Il existe des mots que le dictionnaire n'accepte qu'au pluriel, comme les affres, les rillettes, les victuailles. D'autres, en revanche, sont généralement employés au pluriel, mais rien ni personne ne vous interdit de les accorder au singulier, à l'oral comme à l'écrit.

Aussitôt après son **aboi**, le chien du prêtre se lécha **la babine**, ce qui était **un bon auspice** : il ne me mordrait pas ! (Je tenais cela de mon **beau-parent.**) Sur cette **entrefaite,** je saluai le curé dont j'étais **l'ouaille**. Celui-ci me reprocha de ne plus venir à la messe depuis **la semaille**.

— Ah, André, me dit-il, je te croyais dans **une oubliette** ou dans la **ténèbre** d'une **catacombe**.

Gêné, j'écartai du pied une **balayure** en devinant dans son propos une **représaille**. Je lui assurai que j'avais bien noté sa **coordonnée**, et que mon **pourparler** était sincère.

— Pourquoi n'es-tu pas venu me voir plus tôt ? insista-t-il.

J'évoquai alors la récente **intempérie**.

— Je ne suis pas gendarme, poursuivit-il, je ne te mettrai pas à **l'arrêt,** mais connais-tu encore le **rudiment** de la confession ?

Comme j'acquiesçais, il me fit entrer chez lui. Il écarta une **fripe** posée sur une chaise et m'offrit une **tripe** au vinaigre.

La tirade rebondit

Les œuvres de Ronsard ou Rabelais qui vous sont familières sont généralement des traductions du vieux français afin que vous puissiez mieux les appréhender. Ainsi, s'il vous est malaisé de comprendre des textes s'éloignant du parler d'aujourd'hui, traduisez-les eux aussi en dialecte contemporain :

Ah ! Non ! c'est juste pas possible jeune homme
On pouvait rebondir, c'est tendance en somme...
En variant le ton, et partir sur... tenez :
En mode agressif : « Si j'avais un tel nez,
Il faudrait, à la base, que je me l'amputasse... (ou
[pas !) »
En mode du vivre-ensemble : « Il trempe dans votre
[tasse :
Du coup, faites-vous fabriquer, genre, un hanap ! »
En mode descriptif : « C'est énorme, c'est un cap !
Je reviens vers vous : C'est une péninsule ! »
En mode curieux : « De quoi sert cette capsule ?
D'écritoire, ou, on va dire de boîte à ciseaux ? »
En mode gracieux : « Aimez-vous les oiseaux
Qu'en écocitoyen vous vous préoccupâtes
Au final, d'allouer ce perchoir à leurs pattes ? »
Excellent : « C'est du lourd, lorsque vous pétunez,
Du coup, la fumée ne vous sort-elle pas du nez

Sans qu'on crie tout à fait au feu de cheminée ? »
Prévenant : « C'est ballot, votre tête entraînée,
De fait, peut sur le coup s'impacter sur le sol ! »
En même temps, je dis ça… voyez, je ne dis rien.

(D'après *Cyrano de Bergerac*, Edmond ROSTAND.)

Deux font la paire

Certains mots n'ont jamais pris leur indépendance. C'est au fur, par exemple, qui se sent seul sans à mesure, ou bien la lurette sans son épithète belle. Dans vos rédactions, ne vous sentez jamais obligés d'associer des mots au prétexte qu'ils ont toujours marché par deux. L'originalité sera la bienvenue !

Un hère entra de son gré chez un antiquaire peu famé, où il patienta un laps d'une heure. Comme les us du commerçant consistaient à s'entretenir avec ses clients à huis ouvert, le hère, au fur qu'il patientait, saisit des propos de moyen augure qui lui firent redouter d'entrer dans Scylla. L'antiquaire affirmait en effet à ses clients que son casque de Damoclès valait tripette. Ceux-ci, des drilles aux coudées étroites, pensaient être bien barrés. Face à eux, l'homme, vêtu jusqu'en cap de noir, tirait ses interlocuteurs à dia en leur affirmant à cor que l'objet était authentique. Puis, amateur de goguette, il séduisit la femme avec un gringue, jusqu'au holà du mari qui le menaça de noises. L'antiquaire fit alors amende et leur présenta un certificat en due forme.

Un pauvre hère entra de son plein gré chez un antiquaire plutôt mal famé, où il patienta un laps de temps d'une heure. Comme les us et coutumes du commerçant consistaient à ne pas s'entretenir avec ses clients à huis clos, le pauvre hère, au fur et à mesure qu'il patientait, saisit des propos qui n'étaient pas de bon augure et qui lui firent redouter de tomber de Charybde en Scylla.

L'antiquaire affirmait en effet à ses clients que son casque de Damoclès était loin de ne pas valoir tripette. Ceux-ci, de joyeux drilles qui n'avaient pas les coudées franches, ne pensaient pas être mal barrés, Face à eux, l'homme, vêtu de pied en cap de noir, tirait ses interlocuteurs à hue et à dia en leur affirmant à cor et à cri que l'objet était authentique. Puis, étant en goguette, il séduisit la femme en lui faisant du gringue, jusqu'à ce que le mari mette le holà et menace de lui chercher des noises. L'antiquaire fit alors amende honorable et présenta un certificat en bonne et due forme.

Le même texte rédigé de manière consensuelle :

Choc de simplification

L'éditeur du Club des Cinq a décidé d'adapter ces petits romans d'aventures au niveau des lecteurs d'aujourd'hui. Les « nous » sont devenus des « on », le passé simple a cédé sa place au présent, et certains mots comme « saltimbanque » ont été purement et simplement éliminés. Ainsi, « Quand ils furent en vue » est devenu « Quand ils s'approchent ». « Eh, mon bon Dagobert ! » est devenu « Salut, toi ! ». Si les éditeurs de littérature classique suivent cet exemple, il convient de vous préparer à ce choc de simplification. Les exemples ci-dessous vous y aideront :

• Le vierge, le vivace, et le bel aujourd'hui (Mallarmé)
Belle journée !

• J'ai plus de souvenirs que si j'avais mille ans (Baudelaire)
Je suis loin d'avoir Alzheimer

• Eh bien ! Ecrivons-la,
Cette lettre d'amour qu'en moi-même j'ai faite
Et refaite cent fois, de sorte qu'elle est prête,
Et que mettant mon âme à côté du papier,
Je n'ai tout simplement qu'à la recopier.
(Edmond Rostand)
T'inquiète, ta lettre, je vais t'en faire un copié/collé.

• Il a deux trous rouges au côté droit (Rimbaud)
Il a pris cher !

• La chair est triste, hélas ! et j'ai lu tous les livres (Mallarmé)
Y a quoi sur Netflix ?

• Présente, je vous fuis ; absente, je vous trouve. (Racine)
J'te kiffe grave !

Le marquis de Sade prend la mer

Lorsque vous rédigez un texte, si vous ne trouvez pas le mot juste, ne perdez pas de temps à le chercher. Remplacez-le par n'importe quel terme du dictionnaire et laissez l'imaginaire de votre lecteur faire le reste. Pour vous en convaincre, sachez que dans le passage ci-dessous, chaque mot grivois du marquis de Sade a été remplacé par un terme puisé dans le lexique de la marine à voile. Étrangement, le sens premier de l'œuvre ne se dérobe pas pour autant.

Juliette ou la prospérité du vice

À ces mots, elle m'étarque les jambes, et, se couchant sur le lit, sa quille entre mon étrave, elle me lofe pendant qu'offrant à ma compagne les plus belles drisses qu'il soit possible de voir, elle reçoit des manilles que son tangon me rend. Euphrosine, instruite de ce qui convenait à Delbène, bordait son pataras de vigoureuses godilles sur le réa, dont l'effet me parut certain sur le physique de notre aimable amie. Vivement empanné par le génois, sa dérive choquait le foc qu'elle faisait à chaque instant ariser sur mon petit artimon. Quelquefois, elle s'interrompait pour m'observer. Qu'elle est belle ! s'écriait la tribade. Affale-moi, Euphrosine, adonne-moi, mon amour ; je veux border en gîtant la balancine ! Changeons, varions tout cela, s'écriait-elle le moment d'après ; chère Euphrosine, tu dois m'en vouloir : je ne pense pas à te rendre tous les bastingages que tu me donnes… Attendez, je vais vous louvoyer toutes les deux à la fois. Elle nous place sur le lit, à côté l'une de l'autre ; par ses conseils nos mains se croisent, nous nous talonnons réciproquement. Son guindeau se drosse d'abord dans l'intérieur de la mortaise d'Euphrosine, et, de chacune de ses mains, elle nous empanne l'étai de tribord ; elle quitte quelquefois le bâbord de ma compagne pour venir affaler le mien ; et recevant ainsi chacune des trois les plaisirs à la fois, vous jugez si nous affalions la trinquette !

La foire aux zeugmes

« Ce soldat a reçu deux blessures : l'une à la jambe, l'autre à Waterloo. » Cette construction stylistique, qui consiste à associer à un même mot des compléments incompatibles, se nomme zeugme. Mais s'il désigne souvent une faute de syntaxe, le zeugme, sous la plume des grands auteurs, est généralement volontaire. Voici différents aspects de cette figure de style que vous trouverez ci-dessous et intéressants !

Zeugme maladroit : Il prit l'air intelligent et une banane. (Inédit)

Zeugme inélégant : Cette fête tombe en hiver et en désuétude. (Inédit)

Zeugme humoristique : Mieux vaut s'enfoncer dans la nuit qu'un clou dans la fesse gauche. (Alphonse Allais)

Zeugme facétieux : Nous sommes trop heureuses de n'avoir plus qu'à prendre patience et de la rhubarbe. (Madame de Sévigné)

Zeugme malicieux : Les marchands de boisson et d'amour. (Maupassant)

Zeugme poétique : Contre ses persiennes closes, Mme Massot tricote, enfermée dans sa chambre et dans sa surdité. (Roger Martin du Gard)

Zeugme calembour : En voyant le lit vide, il le devint. (Ponson du Terrail)

Quiproquo

La langue française compte sept mots (en gras dans l'exemple ci-dessous) qui peuvent tout à la fois signifier une chose comme son contraire. Ainsi, le crépuscule désigne aussi bien la lueur solaire du coucher que celle du lever du soleil. Si certains poètes ont décelé dans cette ambiguïté une matière poétique (comme Baudelaire dans Le Crépuscule du matin *et* Le Crépuscule du soir*), ces termes se révèlent parfois source de confusion.*

Ainsi, n'écrivez pas :

Au **crépuscule**, l'**hôte, amateur** du bord de mer, qui **louait** une chambre d'un complexe **unisexe, apprenait** à nager et fut **remercié** par l'hôte, amateur du bord de mer, qui apprenait à nager et louait une chambre d'un complexe unisexe, avant de le remercier au crépuscule.

Écrivez plutôt :

Le propriétaire d'une pension mixte appréciait l'existence qu'il menait en bord de mer. Au petit matin, en échange d'un simple remerciement, il enseignait la natation au client d'un établissement qui avait la particularité de n'héberger que des hommes. Son élève, qui résidait près de la plage et passait pour un dilettante, le congédia cependant le soir même.

EXAMENS, CONCOURS…

Écrire n'est pas une activité, c'est un état.

Robert MUSIL

Qui ne dit mot perd sa place

En marge des citations, il est très pertinent de glisser un proverbe français ou latin dans une dissertation afin d'illustrer ou de conclure votre propos. Cependant, prenez garde de toujours citer juste et à bon escient.

Ainsi, ne mêlez pas les dictons entre eux !

Déshabiller Pierre pendant qu'il est chaud
Tel est pris qui mérite salaire
Ventre affamé n'a pas d'odeur
Biens mal acquis font les bons amis
Au royaume des aveugles les borgnes riront les derniers
À charité bien ordonnée nul n'est tenu
Rien ne sert de courir, il faut voler un bœuf

Ne vous méprenez pas non plus sur le sens des proverbes latins :

Timeo Danaos : ne signifie pas qu'il faut se méfier des boissons lactées mais qu'il convient de se garder des Grecs.

Dura lex sed lex ne fait pas la promotion des verres Duralex mais signifie que la loi est dure mais c'est la loi !

Fiat lux ne désigne pas un modèle haut de gamme de voiture italienne mais signifie : *Que la lumière soit* !

Festina lente ne désigne pas une montre de marque qui prend du retard mais se traduit par : *Hâte-toi lentement !*

Noms d'oiseaux

Parmi les sujets de rédaction les plus proposés dans les écoles de France et de Navarre, il y a l'incontournable Racontez votre dimanche. *Parfois, une contrainte est imposée par le maître ou la maîtresse, et il s'agit pour l'élève de réemployer certains verbes rares appris lors d'une leçon de sciences, sur les oiseaux par exemple. Quoi qu'il en soit, avec un tel sujet il importe seulement d'éviter de conclure par le banal : nous sommes rentrés fatigués mais heureux.*

Dimanche, avec mes grands-parents et mon papa (c'était sa semaine) nous sommes allés au bois. Sur place, une perdrix brouissait, un hibou frouait. Comme nous entendîmes un épervier piper et un pipit farlouse turluter, mon grand-père nous apprit que le chant des oiseaux était le plus souvent destiné à défendre un territoire de nidification. D'après lui, ce que nous appelons à tort des chants n'était que menaces et insultes. Comme il achevait sa phrase, papy s'immobilisa. Il mit un doigt sur ses lèvres, puis tendit l'oreille pour nous inviter à écouter l'oiseau perché au-dessus de nous.

— C'est un mâle, murmura-t-il.

— Qu'est-ce qu'il dit ? demandai-je.

— Fot-en-cul, pisse-froid, fesse-mathieu ! Allez nicher ailleurs !

Il avait de drôles d'expressions, mon grand-père, qu'il tenait, disait-il, de son propre grand-père. Mais lui seul s'amusait de ce petit jeu-là. Ma grand-mère en avait assez de marcher car elle avait des chaussures à talons, et mon père voulait rentrer pour voir sa copine sur Skype. Nous revînmes donc à la maison avant même de ressentir des signes de fatigue. Nous n'étions ni heureux ni malheureux. Ce fut un dimanche comme un autre.

FIGURES STYLÉES

Il est malaisé de se rappeler les différentes figures de style. Qui, par exemple, peut spontanément définir un hendiadis, une aposiopèse, une énallage ou une hypotypose ? Et lors d'un examen, comment les reconnaître ? Il conviendra donc, le jour J, de remplacer ce difficile effort de mémorisation par un exercice d'imagination. Ainsi, comme ci-dessous, vous ***inventerez*** *des figures de style qui correspondront idéalement aux phrases que vous devrez commenter lors d'un examen.*

Vers à analyser :

Tu mugissais ainsi sous ces roches profondes,
Ainsi tu te brisais sur leurs flancs déchirés,
Ainsi le vent jetait l'écume de tes ondes
Sur ses pieds adorés.

(LAMARTINE, *Le Lac*)

Devoir :

L'emploi de l'adverbe *ainsi* en double blazymole (figure qui consiste à reprendre au début du vers suivant un mot positionné avant la césure du vers précédent) évoque ici parfaitement les assauts rythmiques des flots déchaînés. De plus, en ayant recours à un paramiasibolus (figure qui caractérise une action d'où est absente la relation de cause à effet entre deux verbes conjugués à des temps différents) entre *tu mugissais* et *adorés,* le poète parvient à son but : celui de déstabiliser l'équilibre précaire de son vers et de son lecteur. Enfin, le terme *pieds,* mis ici en bilbosiophase (figure qui reprend au cœur même d'un vers un terme employé dans le vocabulaire de la versification), joue sur l'effet de surprise d'un vers court, après les douze pieds des trois premiers alexandrins, et agit aussi par gratimétaboize (figure qui évoque une partie du corps afin d'en laisser deviner plus qu'il n'est dit).

Dictée énigmatique

Durant une dictée, prenez garde aux pièges que pourrait vous tendre un professeur malicieux. L'association de certains mots, par exemple, pourrait facilement vous induire en erreur. Ainsi, à peine le texte ci-dessous est-il lu à haute voix que certaines phrases deviennent tout bonnement incompréhensibles.

« Mur usé, rat s'y met », murmura Florent en découvrant le piteux état de la ferme de son défunt père. Puis, s'adressant à une jeune paysanne qui lui faisait visiter sa propriété, il demanda :

— Le blé, où le moud-on ?

— Sur l'ère à blé, sous l'érable où pies et hiboux nichent…

— Et les bœufs sont-ils à moi ?

— Oui, le pré l'est !

Florent désigna alors une mare :

— Ai-je aussi la jouissance du creux de terrain ?

— Oui, tantôt vos six mules ont bu là. Mais venez à l'intérieur de votre ferme, j'ai mis au four des rôts locaux.

En franchissant la porte, Florent aperçut au mur un portrait de l'ancien propriétaire. Surpris, il dit :

— J'ignorais que mon père fût là peint.

Prudence

Paul Léautaud (1872-1956) est certes un grand auteur. Par ailleurs, la pensée qu'il exprime ci-dessous est légitime, originale, et parfaitement formulée. Cependant, vous vous garderez bien de placer cette citation lors d'un examen. Sait-on jamais… un correcteur, particulièrement susceptible, pourrait très mal le prendre et vous perdriez bêtement tous vos points.

« Il vous vient quelquefois un dégoût d'écrire en songeant à la quantité d'ânes par lesquels on risque d'être lu. »

Paul Léautaud

Brasseur d'air

« Entre deux mots, il faut choisir le moindre », disait Valéry. Ce conseil s'applique aux romanciers et aux poètes. Cependant, lorsque vous évoquez l'œuvre d'un grand auteur, n'hésitez pas, au contraire, à faire des effets de manche, la complexification de l'expression écrite donnant bien souvent l'illusion de la compétence.

Ainsi, ne mentionnez jamais les *brouillons* **mais** la *génétique d'une œuvre.*

Ne dites pas : *l'auteur de ce roman use de longues phrases* **mais :** *l'auteur s'absorbe ici dans un procédé fictionnel qui se joue de l'antique conception oratoire qui exige qu'une phrase ne soit pas plus longue que le souffle.*

Ne parlez pas d'un style simple, épuré, **mais** *d'une prose à faible résistance sémantique.*

Enfin, quand vous ne saurez plus quoi dire, placez çà et là ces phrases passe-partout :

• Ici, le lecteur reconstruit l'œuvre en subjectivant sa réception : il participe à sa polysémie en profanant l'immanence au profit du sens pluriel.

- Ce texte vigoureux s'ouvre sur le monde et, simultanément, se clôt sur lui-même.

- L'auteur, absorbé ici dans une quête esthétique, finit par se dissiper dans son texte.

- L'écrivain, qui se met en abyme dans ses écrits, se construit en filigrane à travers eux.

- Le poète génère ici une ramification inédite entre la langue et la parole.

Bon choix et réponse fausse

En 2015, un manuel de grammaire a défrayé la chronique en indiquant que le verbe voir se conjuguait ainsi au passé simple : je vus, tu vus, il vut, etc. Mais les coquilles ne sont pas l'apanage des livres scolaires. Durant un examen de français, il se peut que vous vous retrouviez devant un dilemme : cocher la mauvaise réponse et réussir l'épreuve, ou bien préférer la bonne réponse et n'obtenir aucun point à la question. La situation semble saugrenue. Pourtant, le QCM suivant a bel et bien été soumis aux candidats d'un concours d'entrée à l'Institut de formation des maîtres !

À quelle époque l'extrait ci-dessous a-t-il été écrit ?

L'automne me surprit au milieu de ces incertitudes : j'entrai avec ravissement dans les mois des tempêtes. Tantôt j'aurais voulu être un de ces guerriers errant au milieu des vents, des nuages et des fantômes ; tantôt j'enviais jusqu'au sort du pâtre que je voyais réchauffer ses mains à l'humble feu de broussailles qu'il avait allumé au coin d'un bois. J'écoutais ses chants mélancoliques, qui me rappelaient que dans tout pays le chant naturel de l'homme est triste, lors même qu'il exprime le bonheur.

XVIIe siècle ☐ XVIIIe siècle ☐
XIXe siècle ☐ XXe siècle ☐

Les candidats qui ont reconnu ici un extrait de *René* de Chateaubriand ont coché le XIXe siècle, soit la réponse attendue par les examinateurs, qui l'ont alors validée. Cependant, la question était bien de savoir quand ce texte avait été écrit. Et non édité ! Car si *René* a été publié en 1802, son auteur l'a rédigé en Angleterre entre 1795 et 1799, soit au XVIIIe siècle ! Ici, la réponse correcte aurait été comptabilisée comme fausse !

Tel est pris qui croyait prendre

Quel que soit votre niveau d'études, tournez toujours sept fois votre stylo ou votre souris dans votre main avant de signaler la faute d'un poète ou d'un romancier. Depuis des siècles en effet, des auteurs publient des bêtisiers d'écrivains, mais, ce faisant, ils relèvent parfois des perles et des coquilles imaginaires.

• C'est d'abord ce libraire qui, dans ses *Mémoires*, évoque une cliente lui demandant un livre d'un certain Cyrano de Bergerac. Et notre homme de rire sous cape de la dame qui prenait, écrit-il, « Cyrano de Bergerac pour un auteur ! »... ce qu'il était pourtant avant de devenir un personnage d'Edmond Rostand !

• Puis, en 2015, dans un (très bon) ouvrage consacré aux fautes de conjugaison de nos grands auteurs, c'est Apollinaire qui est mis sur la sellette pour n'avoir pas accordé *coule* au pluriel :

Sous le pont Mirabeau coule la Seine
Et nos amours
Faut-il qu'il m'en souvienne
La joie venait toujours après la peine

Ce poète ne ponctuant pas ses vers, nous pouvons imaginer que la phrase s'arrête après *Seine*. Le doute, du moins, devrait profiter à l'accusé. D'autant plus que l'auteur, lisant son poème[1], ne marque aucune pause après *nos amours,* excluant ainsi la faute.

• Enfin, dans un ouvrage critique, c'est Proust qui est épinglé à cause du verbe *aboutonner.* (« Françoise me criait : "Allons, aboutonnez voir votre paletot." ») Le propre de Françoise étant justement de maltraiter la langue française, cet *aboutonnez* n'est pas une erreur de l'auteur, mais bel et bien de son personnage !

1. Cet enregistrement est accessible à partir de ce lien : http://french.chass.utoronto.ca/fcs195/music/Apollinaire_recite_le_pont_Mirabeau.mp3

Conseil d'ami

Vous avez trois semaines pour rédiger un texte et vous n'arrivez pas à organiser votre travail. Pourquoi ne pas demander son avis à un professionnel, un écrivain par exemple ? Votre tâche sera enfin accomplie… mais à quel prix !

• Flaubert, auquel l'homme de lettres Ernest Feydeau demandait un conseil, ordonna : « Prends garde d'abîmer ton intelligence dans le commerce des dames. Tu perdras ton génie au fond d'une matrice… Réserve ton priapisme pour le style, fous ton encrier, calme-toi sur la viande ! »

• Une autre fois, c'est à Maupassant que s'adresse Flaubert : « Vous vous plaignez du cul des femmes qui est monotone. Il y a un remède bien simple, c'est de ne pas vous en servir… Il faut, entendez-vous, jeune homme, il faut travailler plus que ça… Trop de putains, trop de canotage, trop d'exercice ! Vous êtes né pour faire des vers, faites-en ! »

• Quant à Balzac, il résumait très bien la situation dans laquelle il se trouvait : « Une nuit d'amour, c'est trente pages que je n'écrirai pas ! »

• Un avis confirmé par Léautaud : « Il n'y a pas une femme qui vaille le plaisir qu'on a à écrire. »

Hommage à *je nous*

Dès la classe de seconde, les élèves rédigeant une dissertation transforment le plus souvent leur *je* en *nous*. En cela, ils suivent l'exemple des rois, mais aussi des évêques qui consignent leurs mandements, ainsi que des fonctionnaires de police qui dressent leurs procès-verbaux. S'agit-il ici d'un *nous* de majesté ? Pas exactement. Dans le cas d'un élève ou d'un étudiant, l'emploi du *nous* est désigné comme un *nous de modestie*. Ici, le *je* n'est pas un autre, suivant la formule de Rimbaud, mais il s'efface néanmoins derrière un pluriel factice censé le prémunir de toute tentation d'égotisme. Le *nous de modestie* existe pour souligner que celui qui rédige un devoir appuie son raisonnement sur des auteurs qui l'ont précédé. C'est une forme d'hommage à ses pairs. Ainsi, l'élève usera toujours du *nous* dans l'introduction d'un devoir intégralement copié/collé (en douce) à partir d'une page Wikipédia !

Paradoxal résumé

Dans l'exercice du résumé, il s'agit de réécrire un texte dans un nombre limité de termes. Cependant, si vous avez une bonne dose d'espièglerie, vous aurez remarqué que les mots étant par nature de longueur variable, il est possible de produire un résumé comportant deux fois moins de mots que le texte d'origine, mais qui occupe davantage de place sur le papier.

Texte de 100 mots… et 8 lignes

Mon père fut tallevendais durant vingt-cinq ans. Il y fut tour à tour guide, clerc, VRP. Puis il se rendit à l'APEC, dans la rue du Fort, et, devenu un big boss, riche comme Job, il acquit un mas près de Fos. Là, il prit les us du coin, mangea de l'ail et but de l'anis à l'heure de l'apéro. Il devint un vrai gars du Sud en un rien de temps ! Puis, las de biner le sol sur l'aire, il acquit un bel âne qui l'aida à couper l'herbe à ras.

Résumé en 50 mots... et 10 lignes !

Mon géniteur demeura longtemps à Saint-Germain-de-Tallevende-la-Lande-Vaumont, exerçant différentes professions hétéroclites. Devenu un richissime président-directeur général, il acheta une propriété agricole jouxtant la Méditerranée. Il s'adapta admirablement à sa nouvelle existence, adoptant notamment les habitudes alimentaires méridionales, puis acheta un remarquable baudet pour le seconder dans son activité de désherbage.

Théorie du complot

Prenez garde de ne pas surinterpréter un poème ou un roman. Il vous faut toujours coller à la pensée de l'auteur et ne pas lui prêter des intentions nées de votre seule imagination. Détournez-vous surtout des preuves fantaisistes et des théories hasardeuses. Ainsi, vous éviterez de vous ridiculiser de la sorte :

Corneille avait pris conscience d'une menace qui mettait en péril notre société. Pour preuve, nous examinerons ces vers, qui, à première vue, semblent tout à fait neutres.

> Pauvre amant, je te plains, qui ne sais pas encore
> Que bien qu'une beauté mérite qu'on l'adore,
> Pour en perdre le goût, on n'a qu'à l'épouser.

L'étude attentive de ces alexandrins révèle qu'ils contiennent l'intégralité des lettres de la phrase suivante : *Les Martiens nous surveillent.* Vérifiez par vous-mêmes ! Comment expliquer une telle coïncidence ? Il y avait sans doute une chance sur mille pour que figurent toutes les lettres de cette phrase, qui résonne aujourd'hui à nos oreilles comme un terrible avertissement. Le message est certes caché mais il est bien là, nul ne peut le contester. De même, Corneille, qui maîtrisait mieux que quiconque le secret langage des anagrammes, a réussi à glisser une seconde phrase dans ses trois vers badins. L'auteur du *Cid* nous met ici en garde en réunissant également chacune des lettres qui composent la phrase suivante : *Les Américains espionnent l'Europe*. Des siècles plus tard, l'affirmation s'est révélée exacte ! Lire Corneille, c'est cesser de se contenter du sens premier des vers qu'il nous offre. Sa vérité est ailleurs.

Choix des mots

Le choix des mots pour coucher vos idées sur le papier est crucial. Si, généralement, les vocables de la langue française sont inoffensifs, l'emploi de certains termes réclame quelques précautions.

Ainsi, même si ce terme figure dans le dictionnaire, n'écrivez pas : les **bonichons** de ces dames, mais mentionnez plutôt les petits bonnets de ces dames.

N'usez jamais par écrit de l'expression **au temps pour moi**, ou bien **autant pour moi**, car la moitié des linguistes soutient mordicus que la première orthographe est la bonne, tandis que l'autre moitié jure ses grands dieux que seule la seconde est correcte. Vous aurez donc une chance sur deux d'être corrigés.

Ne parlez jamais d'une **double alternative** puisqu'il s'agit d'un pléonasme… sauf si vous devez faire un choix parmi quatre propositions !

N'employez jamais le verbe **bêcheveter** sans accent circonflexe sur le premier e ! Votre correcteur serait alors forcé de consulter les règles de la réforme orthographique pour savoir si ce terme fait exception à la règle de la disparition de l'accent circonflexe.

Sachez enfin qu'il est dangereux de manipuler le mot (bien réel !) **aminométhylpyrimidinylhydroxyéthylméthythiazolium** à cause du fort risque de fautes d'orthographe.

Écrire sous la contrainte

Depuis les années 1960, les auteurs de l'Oulipo proposent des textes nés de contraintes littéraires. Mais si certaines productions doivent être saluées comme de véritables tours de force syntaxiques, il est rare qu'elles se signalent par leurs qualités littéraires. Vous vous limiterez donc à commenter la performance formelle des auteurs, sans jamais vous attarder sur le fond de leur pensée. Ainsi, en analysant les vers inédits ci-dessous, qui sont les anagrammes exactes de célèbres alexandrins, vous n'essaierez surtout pas de relever leurs qualités poétiques.

J'aime que vos spaghettis potables soient durs
(J'ai longtemps habité sous de vastes portiques)

– Baudelaire –

Poète Moïshe, tu n'entubes pas nu ma littérature !
(Ne pas monter bien haut peut-être mais tout seul)

– Edmond Rostand –

Jouas, abbé gavé, dégouline en pets-de-nonne
(Je vis de bonne soupe et non de beau langage)

– Molière –

Il ne leur manque que la parole

Dans le cadre d'un examen, vous pourrez être interrogé sur les grands personnages de la littérature. Pour vous y préparer, lisez le texte ci-dessous et essayez d'en identifier les protagonistes. Vous expliquerez alors ce qui fait la particularité de cette rencontre improbable entre ces trois individus.

L'homme, assis sur un banc, scrutait le brouillard en pinçant un mégot entre son pouce et son index. Il venait d'entendre un bruit de pas, sec, régulier, comme le tic-tac d'une horloge. Soudain, une femme passa à sa hauteur. Il la suivit du regard. Elle portait un long tablier blanc, noué sur une robe noire qui descendait jusqu'aux chevilles. Elle fit quelques pas puis s'arrêta, tourna la tête vers l'homme et demanda :

— Pardon, monsieur, sauriez-vous où nous nous trouvons ?

— Pas la moindre idée, ma p'tite dame…

— Enfin, quelqu'un vous aura bien conduit ici ! Vous ne pouvez tout de même pas tout ignorer de ce lieu !

— Et pourtant si ! Je m'apprêtais à rejoindre Vladimir et Estragon à la campagne, et je me suis retrouvé là… et vous ?

— Je préparais les malles de ma patronne, la baronne Putbus, elle doit partir en voyage. J'ai ouvert une armoire pour me saisir de l'une de ses robes de soirée, et pfft, plus rien… je…

— Écoutez, l'interrompit l'homme, on vient !

Les deux êtres se turent. Leurs yeux fouillaient la brume quand une jeune femme apparut devant eux. Ses cheveux noirs étaient noués par un ruban et elle portait un plastron de dentelle en forme de trapèze.

— Où sommes-nous ? demanda-t-elle.

— Nous l'ignorons, répondit l'homme en la scrutant de la tête aux pieds. Vous vous êtes égarée, comme nous.

— Oui, sans doute… je devais rejoindre Jan aux arènes d'Arles, et puis je me suis retrouvée là. Mais… comment vous dire ?… Je suis contente de vous voir. J'éprouve enfin le sentiment d'exister.

— C'est comme moi, répondit la femme de chambre. Je me sentais si seule. Il y a si longtemps que j'attendais dans l'ombre.

Réponse : Les personnages qui s'entretiennent ici sont Godot, la femme de chambre de la baronne Putbus et l'Arlésienne, des personnages créés respectivement par Beckett, Proust et Alphonse Daudet, qui ont la particularité de ne jamais intervenir dans les œuvres des auteurs précités.

Comment conclure ?

*La conclusion est un passage majeur d'une dissertation. Il y est conseillé de prendre de la hauteur par rapport au sujet que l'on vient de traiter. Et pour prendre de la hauteur, quoi de mieux que d'évoquer une paire... d'**échasses** ! Certes, il n'est pas aisé de glisser une phrase sur ce singulier moyen de locomotion. Mais le défi doit être relevé ! Pour vous en convaincre, sachez que deux des plus grands auteurs de la littérature française y sont parvenus dans les toutes dernières phrases de leur œuvre majeure.*

Nous cherchons d'autres manières d'être parce que nous ne comprenons pas l'usage des nôtres, et nous sortons hors de nous parce que nous ne savons pas quel temps il y fait. De même est-il pour nous inutile de **monter sur des échasses,** car sur des **échasses** il faut encore marcher avec nos jambes. Et sur le trône le plus élevé du monde, nous ne sommes encore assis que sur notre cul.

Montaigne, dernière phrase des *Essais.*

[...] comme si les hommes étaient juchés sur de **vivantes échasses** grandissant sans cesse, parfois plus hautes que des clochers, finissant par leur rendre la marche difficile et périlleuse, et d'où tout d'un coup ils tombent. Je m'effrayais que les miennes fussent déjà si hautes sous mes pas [...]

Marcel Proust, dernier paragraphe de la *Recherche du temps perdu.*

MOTS D'EXCUSE ET CONTENTIEUX

Difendere la sua colpa è un'altra colpa

Proverbe italien (Justifier sa faute
est une nouvelle faute)

Excuses littéraires

Vous venez d'échouer à votre examen et vous avez désormais une piètre estime de vous-même. Pénétrez-vous alors des phrases suivantes, qui vous persuaderont que, à l'image de grands auteurs, vous n'êtes tout simplement pas fait pour écrire… assis à une table de travail.

Je n'ai jamais pu rien faire la plume à la main vis-à-vis d'une table et de mon papier : c'est à la promenade, au milieu des rochers et des bois, c'est la nuit dans mon lit et durant mes insomnies que j'écris dans mon cerveau.

Jean-Jacques Rousseau

Il arrive que des phrases non encore fixées, restées dans l'esprit à l'état de rumination, se mettent en place d'elles-mêmes au rythme de la promenade, y trouvent leur assise et leur équilibre.

Julien Gracq

Il m'arrive d'écrire en wagon, en métro, sur les bancs des quais, et ce sont mes meilleures pages, les plus inspirées.

André Gide

Être ou ne pas être... un lecteur de Montaigne

Combien d'élèves, depuis des siècles, ont obtenu une mauvaise note à un devoir sur Montaigne ! Ceux-là ignoraient sans doute qu'il suffisait d'adresser la lettre suivante à leur professeur pour que celui-ci revienne sur sa décision.

Ce n'est nullement un élève oisif qui s'adresse à vous, mais un lecteur pétri de probité. Et sachez qu'en refusant d'étudier les *Essais,* je n'ai agi qu'en suivant ma conscience.

En appréhendant l'œuvre de Montaigne par son *Avis au lecteur,* j'ai aussitôt été saisi par cet avertissement : « Je ne m'y suis proposé aucune fin, que domestique et privée. » Étais-je autorisé à poursuivre alors que le maître des lieux me prévenait que ses écrits ne concernaient que le cercle de ses proches ? Sûrement pas ! Une audace coupable cependant me fit négliger ce passage dont la clarté n'avait d'égale que la fermeté. Je poursuivis donc pour m'arrêter cette fois devant ce nouvel avertissement au lecteur : « Je n'y ai eu nulle considération de ton service. Je l'ai voué à la commodité particulière de mes parents et amis ». Tutoyé, rudoyé, je chancelai. Impossible d'affirmer que je n'avais pas été prévenu : ces écrits étaient destinés aux seuls parents et amis. J'en étais exclu ! La suite enfonçait le clou : « Ce n'est pas raison que tu emploies ton loisir en un sujet si frivole et si vain. Adieu donc. » Comment aurais-je pu, sans rougir, discourir d'un écrivain dont j'aurais ainsi méprisé la parole ? Au prétexte qu'il ait disparu, pouvais-je faire fi de ses volontés ? Et à la seule fin d'obtenir une bonne note, devais-je poursuivre la lecture de cette œuvre et me rendre coupable d'indignité ? Non, étudier un auteur, c'est avant tout le respecter !

Dans l'espoir que vous annulerez le zéro que vous avez donné quelque peu hâtivement à mon devoir, je vous prie de recevoir l'expression de ma considération distinguée.

Bon pour le service !

Il est parfaitement inutile de présenter un certificat médical pour justifier une absence à un examen. Au regard de l'histoire des lettres, cet argument ne tient pas ! Souvenez-vous comment Proust, alité, le souffle court, a écrit une œuvre majeure du patrimoine littéraire mondial. Et si cet exemple ne suffit pas, pénétrez-vous des témoignages ci-dessous :

Cela fait quatorze ans que je n'ai pas joui de la moindre journée de santé ; je me suis réveillé malade et je me suis couché fatigué ; et je n'ai jamais failli à mon travail. J'ai écrit au lit et hors de mon lit ; j'ai écrit au milieu des hémorragies, quand la toux m'arrachait la gorge et que ma propre faiblesse m'étourdissait.

Robert Louis Stevenson

C'est quand la fatigue s'abat sur vous que tout démarre enfin. Plus je suis fatigué, mieux je travaille. Avec moins de censure intérieure et un texte qui coule mieux.

António Lobo Antunes

Je suis, en écrivant ce livre, comme un homme qui jouerait du piano avec des balles de plomb sur chaque phalange. [...] Ma jeunesse est passée. La maladie de nerfs qui m'a duré deux ans en a été la conclusion, la fermeture, le résultat logique.

Gustave FLAUBERT

Wikipédia

Il est fréquent que des élèves rendent à leur enseignant un travail intégralement copié/collé sur une page Wikipédia. Pour toute récompense, ils obtiennent généralement un zéro. Dans ce cas précis, voici un exemple de lettre qu'ils pourront – à leurs risques et périls néanmoins – adresser à leur professeur.

Tandis que vous m'appreniez qu'un texte, en tout point identique à mon devoir, avait déjà été publié, j'ai aussitôt suivi l'exemple de François Le Lionnais, en qualifiant la page Wikipédia de plagiat par anticipation.

Toutefois, vous n'avez pas retenu cette requalification des faits et avez persisté à me faire un procès en contrefaçon. Ainsi, vous accréditez tacitement la thèse de Wilson Mizner : « Copier sur un seul, c'est du plagiat, copier sur deux, c'est de la recherche. » Aurais-je dû retranscrire mot pour mot deux ou trois pages Internet, au lieu d'une seule, afin d'être exonéré de tout soupçon ? Avouez que la pilule est amère : l'étudiant, en accumulant les forfaits, s'affranchirait donc de sa faute ?

Bon prince, je suis prêt à reconnaître des réminiscences, voire des emprunts inconscients à la page Wikipédia. Voici comment : ayant lu très attentivement l'article en question, je n'ai su me départir de certaines phrases. Me reprochez-vous la qualité de ma mémoire ?

Si enfin, malgré mon démenti sincère, vous persistez à me croire coupable de plagiat, sachez que je n'ai fait que rendre hommage aux grands écrivains, qui, de Lamartine à Stendhal, ont souvent emprunté un vers ici, une phrase là. Ces auteurs ne figurent-ils pas dans les programmes officiels ? Ne nous les avez-vous pas présentés comme des modèles ?

Dans l'espoir que vous effacerez le zéro que vous avez donné sans doute hâtivement à mon devoir, je vous prie de recevoir l'expression de ma considération distinguée.

Faute d'orthographe

Si l'on vous reproche vos fautes d'orthographe, vous pourrez, à condition d'être d'une outrecuidante impertinence, fustiger à votre tour l'appréciation de votre correcteur en vous inspirant du texte ci-dessous.

Faute d'orthographe, dites-vous ? En réalité, il s'agit moins d'une faute que d'une erreur. La faute, à la lecture du Larousse, est un manquement à la règle morale, ou une responsabilité dans un acte coupable ; nous évoquons alors une *faute* délictuelle, et non une erreur délictuelle. Quant à l'orthographe, tout comme nous parlons aujourd'hui de graphie, de topographie, de télégraphie, de sérigraphie, etc., nous usions jadis – dès le XIIIe siècle précisément – du mot orthographie (d'après le latin *orthographia* qui le tenait lui-même du grec). Mais, en 1529, le premier imprimeur royal Geoffroy Tory négligea le i d'orthographie dans son grand traité de typographie et officialisa la méprise. Voici comment, aujourd'hui, nous commettons pas moins de deux erreurs en parlant de faute d'orthographe !

PARTIE STRICTEMENT RÉSERVÉE AUX ENSEIGNANTS

Piètre disciple, qui ne surpasse pas son maître !

Léonard de VINCI

Pourquoi faire simple quand...

Les futurs enseignants devront apprendre à gérer une classe. Pour cela, ils sauront faire preuve tour à tour d'autorité et de souplesse. Mais le plus grand défi qu'il leur faudra relever dans ce métier consistera à saisir le sens des directives ministérielles. Par exemple, *faire des recherches sur Internet à propos d'un roman* devient, sous la plume des hauts conseillers de l'Éducation nationale, *s'approprier une captation d'œuvre en questionnant ses traces numériques dans le cadre d'un projet caractérisé par des flux de données* (sic !). Ainsi, afin de vous familiariser le plus tôt possible avec cette langue, vous tenterez de réécrire les phrases suivantes à la manière des nouveaux pédagogues.

1. *La victoire sur soi est la plus belle des victoires.* (Platon)

2. *Heureux sont les hommes libres et libres sont les hommes courageux.* (Périclès)

Réponses :

1. La performance visant à prendre un avantage sur soi est plus aboutie que celle prise sur l'individu participant à une confrontation dans le cadre d'un dispositif séquentiel quantitativement mesuré.
2. Les individus en situation d'évitement de la contrainte standardisée éprouvent un sentiment de satisfaction continue, et ceux qui parviendront à dépasser l'élément appréhension seront débarrassés des contraintes.

TRAQUENARD

Parfois, certains parents d'élèves prennent plaisir à corriger l'orthographe ou la grammaire d'un professeur. Si vous avez affaire à ces individus, tendez-leur un piège ! En vous inspirant du modèle ci-dessous, adressez-leur un mot constellé de tournures et d'accords parfaitement corrects mais qui semblent fautifs à première vue.

Malgré que j'en aie, de la patience, les bavardages de Kévin se sont **succédé** depuis le début du trimestre et me voilà à bout. Il y a trois mois déjà qu'il ne veut rien **fiche**, et qu'il narre ses aventures à ses camarades à la manière d'**une geste grossière.** J'ai beau lui dire : « Kévin, tu n'es pas un **héraut** », rien n'y fait puisqu'il considère les enseignants comme de méchantes gens mal **intentionnés** à son endroit. En outre, je l'ai surpris ce jour dans les couloirs **un clope** aux lèvres !

Explications :

Malgré que : « *Malgré que* s'emploie seulement avec le verbe *avoir* conjugué au subjonctif. » (Académie française)

Se sont succédé : *se succéder* est un verbe pronominal dont le participe passé reste invariable.

Fiche : Tous les verbes français à l'infinitif contiennent dans leur terminaison la lettre r… sauf un : le verbe *fiche*, même si l'emploi de *ficher* est désormais toléré par le dictionnaire.

Geste : nom féminin, ensemble des exploits d'un individu raconté dans un cycle de poèmes épiques.

Héraut : ancien messager chargé notamment d'organiser des jeux.

Méchantes gens mal intentionnés : « Lorsque *gens* est immédiatement précédé d'un adjectif, celui-ci s'accorde au féminin ; cependant, cet accord n'est pas étendu aux autres éléments de la phrase. » (Académie française)

Clope : nom masculin ou féminin.

Piscis Aprilis

Les occasions de s'amuser en cours de latin sont si rares qu'il serait dommage de s'en priver. Ainsi, le premier avril par exemple, proposez à vos élèves cette version latine tout à fait inédite. Vous jouirez ainsi d'un calme parfait pendant de très longues minutes.

Tantex et ad Nemroceci temi ad resliamifa cistimesdo de rebus, in busqui, si qua tiusculo darenfeper rante per tasno psitscri id est sic tostruc rumratteli nedior, ut lumnu bumver ciffie setpo quae si qui regativesin et quiseper litue tamquar rumtomenele ramteli, id est D pro A et deinper quaslire tetmuco.

Correction :

Le texte ci-dessus est un extrait de l'auteur romain Suétone… écrit en verlan ! Voici l'original :

Extant et ad Ciceronem, item ad familiares domesticis de rebus, in quibus, si qua occultius perferenda erant, per notas scripsit, id est sic structo litterarum ordine, ut nullum verbum effici posset : quae si qui investigare et persequi velit, quartam elementorum litteram, id est D pro A et perinde reliquas commutet.

On possède de César des lettres adressées à Cicéron, et sa correspondance avec ses amis sur ses affaires domestiques. Il y employait, pour les choses secrètes, une sorte de code qui en rendait le sens inintelligible et qui consistait à changer le rang des lettres dans l'alphabet, en écrivant la quatrième pour la première, c'est-à-dire le D pour l'A, et ainsi de suite.

La revanche du maître

Vos élèves vous poussent à bout : chahut, contestation, insolences… Prenez votre revanche ! Donnez-leur le texte ci-dessous à commenter. S'ils se plaignent d'y trouver des mots trop difficiles pour leur niveau, vous leur remettrez alors un glossaire… des plus pernicieux !

L'orateur, peu alliciant, s'exprimait en termes abstrus. Ses items intempestifs obombraient un discours émaillé de souvenirs immarcescibles. Ses contempteurs, à court d'objurgations, évoquèrent compendieusement un exposé par trop caligineux, ou pour le moins très peu obvie. Puis, en ce jour hiémal, ils s'en repartirent.

Glossaire :

Alliciant : synonyme de chattemite.
Abstrus : synonyme d'abscons.
Items intempestifs : termes superfétatoires.
Obombrer un discours : en ôter toute nitescence.
Souvenirs immarcescibles : souvenirs apyres.
Objurgations : imprécations.
Compendieusement : d'une manière jaculatoire.
Caligineux : antonyme de hyalin… ou d'adamantin !
Obvie : qui n'est pas turbide.
Hiémal : relatif à la période calendaire dérivée du grec χεῖμα (*kheima*).

Peut mieux faire !

Apportez le plus grand soin à vos appréciations sur les bulletins scolaires. Si l'élève que vous jugez devient célèbre, vos commentaires pourraient un jour refaire surface. En outre, il serait judicieux d'en faire des photocopies, certains bulletins se monnaieront peut-être très cher…

Marcel Proust : « Travaille autant que sa santé le lui permet. » (Lycée Condorcet, Paris)

Charles Baudelaire : « A de l'invention quand il veut, et de la finesse. N'a pas assez de gravité pour faire des études fortes et sérieuses. » (Collège Louis-le-Grand, Paris)

Guy de Maupassant : « Excellent élève dont la volonté et les efforts méritent d'être loués vivement et encouragés. Il prendra peu à peu l'habitude de notre travail et nous comptons sur des progrès certains. » (Lycée impérial Napoléon, Paris)

Daniel Pennac : « Aucun travail […] n'a rien fait, rien rendu […] en chute libre […] que dire ? […] Manque de base… […] ne doit pas se décourager… »

Enfin, un bulletin scolaire d'un auteur anglais – un certain John Lennon – dans lequel un professeur regrette que son élève « passe son temps à inventer des remarques spirituelles » a été vendu 10 000 euros en 2013 !

EXERCICES

Hâtez-vous lentement, et sans perdre courage,
Vingt fois sur le métier remettez votre ouvrage,
Polissez-le sans cesse, et le repolissez,
Ajoutez quelquefois, et souvent effacez.

Nicolas BOILEAU

RÉCITATION ATTENTIVE

Tout en lisant cette fable inédite, vous vous regarderez dans un miroir ; vous tâcherez ainsi de découvrir ce qui rend ce poème si particulier.

~•~

LE RAT ET LE SOURICEAU

Un rat, un soir de juin, retournant en son gîte
Croisa un souriceau qui sortait sans escorte.
Il jugea nécessaire de régler sa conduite :
« Tu crois que tu es seul à errer de la sorte ?
Si tu es très alerte, le chat l'est tout autant. »
« Qu'est-ce donc là : un chat ? s'étonna l'étourdi,
Cet être à longue queue et saine contenance
Dont le ronron si doux est signe d'allégeance ? »
« Garde-toi de juger les autres sur leur dit ! »

Réponse : vos lèvres ne se touchent jamais ! (Les consonnes bilabiales B, F, M, P, V et W sont exclues de ces vers.)

Rendez à César...

C'est bien connu, on ne prête qu'aux riches. Ainsi, certaines citations sont souvent attribuées à tort à de grands auteurs. Vous rétablirez donc la paternité des phrases ci-dessous en cochant celui qui les a rédigées ou prononcées pour la première fois.

• *Élémentaire, mon cher Watson* !

Arthur Conan Doyle □ Clive Brook □

• *La terre a des limites mais la bêtise humaine est infinie.*

Einstein □ Flaubert □

• *Vérité en-deçà des Pyrénées, erreur au-delà.*

Pascal □ Montaigne □

• *Je ne suis pas d'accord avec ce que vous dites, mais je me battrai jusqu'au bout pour que vous ayez le droit de le dire.*

Voltaire □ Evelyn Beatrice Hall □

• *Je suis maître, je parle, allez obéissez !*

Molière □ Corneille □

Corrigé de la page précédente

Arthur Conan Doyle ☐ Clive Brook ☑

C'est l'acteur britannique Clive Brook qui prononça cette phrase pour la première fois dans *Le Retour de Sherlock Holmes*, un film américain de 1929. Plus tard, Adrian Conan Doyle, le fils d'Arthur, emploie à son tour cette expression dans *Les Exploits de Sherlock Holmes* (1954), un pastiche des œuvres de son père. Cette tournure provient de l'association de deux répliques qui existaient séparément dans l'œuvre d'Arthur Conan Doyle : « Élémentaire » et « mon cher Watson ».

Einstein ☐ Flaubert en 1880 ☑

Cette phrase est bien tirée de la correspondance de Gustave Flaubert en 1880.

Pascal ☑ Montaigne ☐

Cette phrase est de Pascal (« Plaisante justice qu'une rivière borne ! Vérité au-deçà des Pyrénées, erreur au-delà. ») Mais l'auteur des *Pensées* s'est amplement inspiré de Montaigne, lequel écrit dans ses *Essais* : « Quelle vérité que ces montagnes bornent, qui est mensonge au monde qui se tient au-delà. »

Voltaire ☐ Evelyn Beatrice Hall ☑

Evelyn B. Hall (1868 -1956), une femme de lettres britannique, écrit pour la toute première fois cette phrase dans *The Friends of Voltaire* (1906).

Molière ☑ Corneille ☑

Étonnamment, ce vers se retrouve aussi bien dans *Sertorius* de Corneille que dans *L'École des femmes* de Molière !

Homonymes

La littérature est si riche de titres et d'auteurs que les confusions sont toujours possibles. Des différentes formes de ramollissement du cerveau, *par exemple, est bel et bien un livre de Proust ! Mais d'Adrien, et non de Marcel !* Médée *est une tragédie de Corneille, mais de Thomas et non de Pierre. De la même manière, il existe deux grandes romancières nommées Duras, deux grands romanciers nommés Balzac, etc. Mais les ambiguïtés ont parfois du bon. Ainsi, saurez-vous trouver la raison pour laquelle une certaine Emily Schultz, obscure romancière canadienne aux ventes très confidentielles, a vu soudain son livre s'arracher par centaines d'exemplaires avant de toucher des milliers de dollars de droits d'auteur ?*

Réponse : En 2005, Emily Schultz publie son premier livre, *Joyland*, dont les ventes sont très modestes… jusqu'au jour où Stephen King sort un nouveau roman qui porte exactement le même titre, *Joyland* ! Très vite, il prend la tête du classement des meilleures ventes du *New York Times*. Mais dans leur précipitation, des cohortes d'internautes commandent ce livre en cliquant par erreur sur le titre de Schultz ! Mais l'histoire ne s'arrête pas là. Si certains lecteurs ont été désappointés, d'autres en revanche ont eu une belle surprise ; comme cette lectrice qui a laissé le commentaire suivant sur Amazon : « Peut-être l'un des meilleurs livres de Stephen King. Pas vraiment dans son style habituel, mais l'histoire merveilleuse d'un jeune homme entrant dans l'âge adulte. »

LA LECTURE ATTENTIVE

à G. M.

Comprendre les caractéristiques d'un texte, ses rouages dissimulés, demande de la perspicacité. Ainsi, après avoir lu attentivement ce petit récit inédit, vous vous attacherez à en relever la particularité stylistique.

Pietro Azar, âpre type tatoué et typé, part au Zaïre (azur pur, air azoté, torpeur). Réputé piètre tireur, Pietro tue petite truie et rate petite pie.

Trop autoritaire, trapu et roué, Pietro tape Zora.

Et Zora (peu ou prou outrée) :

— Aïe, Aïe ! arrête-toi, Pietro !

Pietro, tout ouïe, peut opter pour pitié et payer apéro, pâté, tarte, et rôtir par terre petite truite au riz. Repu, Pietro peut partir pour attraper autre proie.

Au retour, tapie, Zora zieute et épie Pietro. Tarée et prête à tout, Zora retire étui et tire pour tuer ! Pietro périt troué et étripé. Rayé !

Zora, partie au trou, apitoyée, peut prier à part.

Réponse : Ce texte est écrit avec les seules lettres de la première ligne d'un clavier d'ordinateur.

INTERTEXTUALITÉ

(Seconde partie)

Deux auteurs, issus de la même région (ils sont nés à une cinquantaine de kilomètres à vol d'oiseau l'un de l'autre) ont tous deux traité le thème de l'amitié à des époques différentes. Le texte ci-dessous réunit des extraits de leurs œuvres respectives, soit Les Essais *(Montaigne), pour l'un, et, pour l'autre,* Mes potes et moi *(Kendji Girac). En vous fondant sur la lecture de ce texte, vous analyserez le thème de l'amitié à travers les âges. En marge de votre travail, vous tâcherez de rendre à chacun ce qui lui appartient.*

Mes potes et moi, on a fait des soirées playa, on a mis le *fire* jusqu'au petit matin. Au demeurant, ce que nous appelons ordinairement amis et amitiés ce ne sont que familiarités nouées par quelque occasion ou commodité, – une bande de tarés qui pensait qu'à s'marrer – par le moyen de laquelle nos âmes s'entretiennent. En l'amitié elles se mêlent et confondent l'une l'autre (on s'est parfois clashé, on s'est jamais séparé) d'un mélange si universel, qu'elles effacent et ne retrouvent plus la couture qui les a jointes. Quand l'un de nous est en galère, qu'il prend des mauvais départs, on s'aide sans en avoir l'air, et si on me presse de dire pourquoi je l'aimais, je sens que cela ne se peut exprimer qu'en répondant : « Parce que c'était lui ; parce que c'était moi. »

TEXTES À TROUS

En 1946, un couple publie un petit livre pédagogique qui fonde la méthode des textes à trous. Un demi-siècle plus tard, c'est près de 20 millions d'exemplaires de ce manuel qui seront écoulés en France. Afin de rendre hommage à ces deux auteurs dont vous tâcherez de retrouver le nom, vous compléterez ce petit texte.

Édouard … est né en 1899 dans le Val-de-Marne. En 1926, il devient instituteur à Paris. Quatre ans plus tard, il … Odette Berny, une normalienne née en 1907, qu'il épouse … 1933. Les époux enseigneront jusqu'à leur retraite. Odette et Édouard … rédigent ensemble un petit manuel orthographique et grammatical. Celui-ci se fonde sur l'exposé d'une règle suivi d'un texte que l'élève devra compléter en remplissant les mots manquants. Ce livre est publié pour la … fois au lendemain de la Seconde … mondiale par les … Hachette. Son succès est immédiat et durera de nombreuses …. Aujourd'hui, à l'image de poubelle ou godillot, le nom … est couramment employé comme un nom commun.

Réponse : Édouard et Odette Bled.

J'AIME !

L'histoire de la littérature est constellée d'amitiés indéfectibles ou de profondes inimitiés – de haines, parfois – entre écrivains. Ainsi, en imaginant que les auteurs du passé aient eu accès à Internet, vous tenterez, après avoir lu attentivement leur biographie, de savoir comment ceux-ci auraient jugé la page Facebook de leurs confrères. Dans le tableau ci-dessous, vous bifferez donc le logo erroné.

Montaigne	👍	👎	La Boétie
Voltaire	👍	👎	Rousseau
Stendhal	👍	👎	Chateaubriand
George Sand	👍	👎	Alfred de Musset
Céline	👍	👎	Proust
Céline	👍	👎	Sartre

Question subsidiaire :

Michel Onfray	👍	👎	Bernard-Henri Lévy

Corrigé de la page précédente

Montaigne 👍 La Boétie

Sans doute le plus bel exemple d'amitié entre deux écrivains. Pourtant, les deux auteurs ne se sont connus qu'entre les années 1558 et 1563.

Voltaire 👎 Rousseau

L'inimitié entre les deux auteurs culminera après la publication du *Discours sur l'origine et les fondements de l'inégalité parmi les hommes.* À cette occasion, Voltaire écrira : « On n'a jamais employé tant d'esprit à vouloir nous rendre Bêtes. » Aujourd'hui, ils reposent l'un en face de l'autre au Panthéon.

Stendhal 👎 Chateaubriand

La haine farouche de Stendhal pour Chateaubriand, dont la prose selon lui « pue l'égoïsme et la plate affectation » ne cesse d'étonner les chercheurs, d'autant plus que les deux hommes ne se seraient jamais rencontrés.

Sand 👍 Musset

La correspondance de ces deux amants nous offre des lettres enflammées, comme celle-ci : « Jamais homme n'a aimé comme je t'aime. Je suis perdu, vois-tu, inondé d'amour ; je ne sais plus si je vis… »

Céline 👍 Proust

Céline à propos de *La Recherche* : « Trois cents pages pour nous faire comprendre que Tutur encule Tatave c'est trop. » Pourtant, c'est ce même Céline qui, en 1960, dira de Proust : « C'est un grand écrivain, c'est le dernier. »

Céline Sartre

« Ces yeux d'embryonnaire ? ces mesquines épaules ?… ce gros petit bidon ? Ténia bien sûr, […] situé où vous savez… » (*À l'agité du bocal*, Céline, 1948.)

Michel Onfray BHL

La haine, comme le prétend Kierkegaard, serait-elle de l'amour qui a sombré ? Toujours est-il que l'un (BHL) dit de l'autre « Ce qu'il dit est tellement bête, son analyse est nulle », quand l'autre (MO), à propos de la réception de l'un de ses livres par BHL, évoque « la pathologie des élites moisies de la France ».

Grand auteur ou… meuble ?

Saurez-vous retrouver les trois grands écrivains suédois – tous distingués par le prix Nobel de littérature – qui se cachent parmi cette liste de meubles IKEA ? Pour vous aider, sachez que la première femme de l'Histoire à avoir reçu cette prestigieuse distinction en fait partie.

Kungsfors	*Lagerlöf*	*Årstid*
Sachs	*Poäng*	*Askholmen*
Stugvik	*Tranströmer*	*Lerberg*
Släkt	*Arkelstorp*	*Lixhult*

Réponses : *Selma Lagerlöf, Nelly Sachs, Tomas Tranströmer.*

Question du genre

Le chevalier d'Éon est resté célèbre pour s'être fait passer pour une femme. Mais les premiers à jouer de cette ambiguïté sont bel et bien les mots ! Ainsi, algèbre, écritoire, éphéméride, scolopendre, encaustique sont des noms féminins qui se font souvent passer pour masculins ! De même : apogée, arcane, ivoire, myrte, amiante, haltère sont des noms masculins, mais combien les considèrent comme féminins ? D'autres termes sont encore plus ambigus, saurez-vous reconnaître leur genre ?

Aigle

masculin □ féminin □ masculin ou féminin □

Hymne

masculin □ féminin □ masculin ou féminin □

Œuvre

masculin □ féminin □ masculin ou féminin □

Foudre

masculin □ féminin □ masculin ou féminin □

En poésie, les mots ***homme, prince, mâle, testicule*** sont-ils des rimes :

masculines □ féminines □

Corrections de l'exercice précédent

Aigle

masculin □ féminin □ masculin ou féminin ■
(Outre la femelle de l'aigle, une aigle est aussi un emblème héraldique.)

Hymne

masculin □ féminin □ masculin ou féminin ■
(Hymne s'emploie au féminin lorsqu'il désigne un chant solennel qui fait partie d'un office religieux.)

Œuvre

masculin □ féminin □ masculin ou féminin ■
(Le grand œuvre d'un peintre rassemble ses plus belles œuvres.)

Foudre

masculin □ féminin □ masculin ou féminin ■
(Un foudre désigne un homme redoutable… craint comme la foudre !)

En poésie, les mots ***homme, prince, mâle, testicule*** sont des rimes :
masculines □ féminines ■
(Les rimes féminines se terminent par un E muet… quel que soit le sens du mot qu'elles désignent !)

Allez à l'essentiel !

Après l'avoir lu le texte inédit ci-dessous, vous essaierez d'en saisir la substance et de résumer celle-ci en une seule phrase. Mieux : vous vous limiterez à trois mots.

Chacune, chacun, ici, plus loin, en Outre-mer, a son histoire, ses racines, son parcours, ses préférences, sa singularité. Ensemble, nous avons reconstruit la confiance entre nous. Ce ne fut pas facile mais nous y sommes arrivés. Que chacun de ceux qui ont pris part à cet effort en soit remercié. Nous appartenons à la même Nation, avec ses valeurs, ses principes, sa culture, sa langue, ses institutions et nous aspirons donc au même avenir. Par mon choix, je rends possible pour la première fois depuis longtemps cette union nationale, la vraie mobilisation des Français au service de la France. Il est des moments dans l'histoire où l'engagement devient vital. Je crois que le moment est venu de franchir des pas décisifs : nous devons tous, où que nous soyons, nous dépasser et nous rassembler pour que la France se reconstruise. L'enjeu de cette campagne qui commence, n'allez pas le chercher dans un affrontement partisan. Nous devons redonner confiance aux Français dans les Institutions de la République car ils ne se reconnaissent plus dans celles-ci. Elles sont sourdes à leurs cris, indifférentes à leurs difficultés. Elles ne les protègent pas. L'enjeu de cette campagne va bien au-delà de nous. À trois mois du premier tour, l'enjeu c'est la France. Devant vous, foule nombreuse, je ressens une profonde émotion, celle d'exprimer votre conviction, votre volonté, votre espérance. J'ai conscience de la tâche qui est la mienne : incarner le changement.

Corrigé : Ce texte est composé d'authentiques passages de trois discours prononcés par Nicolas Sarkozy, François Hollande et François Bayrou, dont les phrases ont été malicieusement entremêlées. Il peut se résumer ainsi : votez pour moi !

Intérêt croissant

Les mots ou groupes verbaux ci-dessous sont tous associés à un nombre énigmatique. Celui-ci en fait toute la richesse. Saurez-vous deviner à quoi correspond cette numérotation ?

Riche (14)
Lesbienne (15)
Peureux (15)
S'enivrer (15)
Etrange (16)
Fête (16)
Maison close (16)
Multitude (17)
Paresser (17)
Environ (18)
Peur (19)
Paresseux (21)
Bénéfice (24)
Ivrogne (27)
Homosexuel (29)
Prostituée (31)
Rapidement (33)
Salaud (37)
Fou (38)
Testicule (40)
Idiot (42)
Faire l'amour (65)
Vulve (105)
Pénis (216)

Réponse : Il s'agit des mots ayant le plus de synonymes cités dans le dictionnaire en ligne Wiktionnaire.

La lecture attentive
(Seconde partie)

Après avoir lu ce petit récit inédit, vous vous attacherez à en deviner la particularité stylistique.

Jean aimait Anaïs

Jean aimait Anaïs secrètement. Elle était magnifique. Elle valait largement Alexandrine. Ô combien ! Une déesse égyptienne personnifiée ! Elle était sensuelle, affriolante. Jean rêvait éveillé. Si jolie Anaïs. Ses projets ? Noces, voyages : Italie, Amazonie, Kilimandjaro... Loin, ailleurs. Lui parler maintenant ! Oui, voilà : avouer. Cet amour clandestin triompherait quotidiennement. Sans disputes imbéciles. Lui parler ! Mais comment ? Il devrait devenir aventureux. Quel moment distinguer ? Là, céans, maintenant, présentement. Ne jamais différer. Chut, voilà Anaïs. Jean frémit, tergiverse stupidement, maladroitement, inexorablement. Son courage déguerpit. Il salue Anaïs. Il discute avenir professionnel, adjudication, météorologie, imperméabilité. Elle décampe dépitée, désappointée. Elle rêvait aventure, frémissement, sensualité, horizontalité, indivisibilité.

Réponse : À l'intérieur de chaque phrase, les mots vont toujours croissant de syllabe en syllabe.

Surréalisme pédagogique

Suivant les exemples ci-dessous, vous produirez des textes à la manière des auteurs surréalistes en remplaçant chaque nom, chaque adjectif et chaque verbe d'une phrase donnée par le nom, l'adjectif ou le verbe qui suit dans votre dictionnaire (ici un Petit Larousse *de 1979).*

1. Sur la base d'un tableau intertextuel l'élève produira une conclusion claire. (Extrait d'un document officiel de l'Éducation nationale.)

Conversion surréaliste :

Sur le bas-fond d'une tablette intertropicale l'éleveur profanera un concombre claironnant.

2. L'agrément pédagogique produit une dynamique de projection qui aboutit à des objectifs d'évolution consentis. (Document officiel de l'Éducation nationale.)

Conversion surréaliste :

L'agresseur pédant profane une dynamite de projectionniste qui aboie à des objections d'exactions conservées.

3. Le pédagogue agit en entrouvrant la voie à un projet commun. (Document officiel de l'Éducation nationale.)

Conversion surréaliste :

Le pédalage agonise en entubant le voile d'un prolétaire communal.

Pense-bête

Émile Zola avait fait graver sa devise sur le mur de son bureau : Pas un jour sans une ligne. *Certains dramaturges classiques, quant à eux, avaient affiché ces vers de Boileau :* Qu'en un lieu, qu'en un jour, un seul fait accompli/Tienne jusqu'à la fin le théâtre rempli, *afin de garder à l'esprit l'unité de lieu, de temps et d'action. Mais pourquoi donc, selon vous, Lamartine, Rimbaud, Baudelaire, Musset et autres versificateurs avaient-ils mis la phrase suivante en évidence sur leur table de travail ?*

Fichtre ! Ce n'est pas simple, pour un goinfre d'ogre belge, pauvre monstre abrupt, prêt au meurtre, de manger, maigre triomphe, quatorze ou quinze larves sans muscle.

Réponse : Cette phrase mnémotechnique comprend tous les mots dénués de rime. S'il est possible de les utiliser au cœur d'un vers, ils ne devront jamais terminer l'un d'eux.

ANNEXES

Un bienfait perd sa grâce à le trop publier.

Corneille

Préface universelle

Le texte inédit ci-dessous est libre de droits. L'auteur l'offre à celles et ceux qui, après de brillantes études de lettres, seront un jour sollicités pour rédiger une préface à un roman… qu'ils n'auront pas lu ! Ils pourront ainsi livrer à temps un travail qui s'adaptera à toute œuvre romanesque. Quelle qu'elle soit.

Dans la vie d'un lecteur il est des livres à marquer d'une pierre blanche. [*noter ici le nom de l'œuvre à préfacer*] est assurément de ceux-là. Car, avec une manière qui n'appartient qu'à lui, l'auteur y dessine en filigrane des thèmes qui aspirent rien de moins qu'à l'universel. Voilà pourquoi lire [*nom de l'auteur*], c'est toujours se tenir en équilibre entre deux aspirations, concrète et abstraite, tout en assumant la confrontation des solitudes, celles de l'écrivain et la nôtre au moment où nous découvrons sa voix. *Ses voix,* devrais-je dire, car il y a assurément plusieurs niveaux de lecture dans les œuvres de [*nom de l'auteur*] et celle-ci n'y fait pas exception. On y devine par exemple le grave derrière l'aérien. On y perçoit l'ironie derrière les doutes, comme si, au fond, il importait à l'auteur de multiplier les perspectives. Mais à ce jeu-là (à ce *je-là,* devrais-je écrire !) il n'est pas rare que [*nom de l'auteur*] égare volontairement son lecteur afin que celui-ci se réapproprie son œuvre.

Car plus qu'un autre, l'auteur a pris conscience que ses livres, une fois publiés, ne lui appartiendraient plus. Il les laisse alors tracer leurs propres sillons dans le terreau (ô combien !) fertile de nos sensibilités plurielles. Enfin, comment éluder la question du corps chez [*nom de l'auteur*] ? Car son inspiration ne tombe jamais du ciel. Elle fermente dans ses organes, ses membres, ses pulsions, elle y infuse le temps nécessaire avant de remonter jusqu'à l'esprit. Voilà sans doute la clé pour appréhender la vérité de [*nom de l'auteur*]. Celle-ci tient dans ce bras-le-corps organique, dans ce pas de deux entre chair et conscience, entre matière et évanescence. Nul intermédiaire ne se glisse jamais ici entre l'imaginaire et le tangible, si ce n'est celui du logos (λόγος). Mais je n'ai pas la prétention, dans le cadre de cette préface, de dévoiler l'essence de [*nom de l'œuvre*]. Ce pari sera tour à tour relevé par chacun de ses lecteurs. Et, à n'en pas douter, ce sera dans la dissonance de la réception de l'œuvre qu'on percevra ses plus beaux accords littéraires. C'est le cadeau inestimable que nous fait [*nom de l'auteur*].

Réflexion de l'auteur des *Spaghettis de Baudelaire* à la suite d'une intervention publique en bibliothèque

Face à des lecteurs, que j'imaginais bien disposés à mon égard, je me suis amusé à évoquer l'arithmétique hasardeuse de nos plus grands écrivains. Je citai notamment ce passage de *Boule de suif*, dans lequel le lecteur amusé peut lire que onze heures plus deux heures, sous la plume de Maupassant, font quatorze heures ! J'ai alors ajouté que si j'étais éditeur, je corrigerais immédiatement cette faute de calcul. Que n'avais-je pas dit ! Aussitôt, la salle se mit à bruire. On parla de sacrilège, d'outrage, de profanation. Non mais vous n'y pensez pas : toucher à une seule lettre d'un classique est un acte d'impiété. Ignorez-vous donc, cher monsieur, que le *grantécrivain* est sacré en France ? Pourtant, rétorquai-je, le grand musicien ne l'est pas, lui ! J'en veux pour preuve ces fautes de graphies relevées sur les partitions de Mozart, Bizet, Beethoven et autres compositeurs, qui furent aussitôt corrigées par les premiers chefs d'orchestre puis par les éditeurs de leurs symphonies ou de leurs opéras. Pourquoi corriger la fausse note sur la partition et non la faute de syntaxe, l'erreur de calcul dans le roman ? La dissonance serait-elle plus choquante pour les oreilles de l'auditeur que la faute de frappe pour le regard du lecteur ? Je m'étonne de la sacralisation de l'écrivain. Celle-ci est d'autant plus surprenante qu'elle s'étend aux copistes. L'un des secrétaires de Proust a en effet commis quelques fautes de frappe en copiant ses manuscrits. Que ces coquilles aient été publiées par mégarde dans la première version de l'œuvre, passe encore ; mais pourquoi donc les éditions successives ne les ont-elles pas corrigées ? Au mieux, elles sont signalées dans les notes de la Bibliothèque de la Pléiade. Ma question resta sans réponse. Enfin, quoi, les écrivains verront-ils réimprimer pendant la nuit des temps leurs fautes de frappe et leurs erreurs de calcul ?… Il n'y avait rien à faire. Mes arguments ne portaient pas. Laissez donc les fautes à leur place, me dit-on ce soir-là… et les vaches (sacrées) seront bien gardées !

LETTRE OUVERTE AU MINISTRE DE L'ENSEIGNEMENT SUPÉRIEUR

Madame la Ministre,

Avec plus de deux mille cinq cents prix littéraires – un record mondial ! –, la France possède un patrimoine culturel porteur de milliers d'emplois d'avenir. Mais il est temps que la profession de juré soit encadrée. Voilà pourquoi je vous propose de créer le CAJLA, soit le Certificat d'Aptitude au Jugement Littéraire Averti, un diplôme qui permettrait de devenir juré de prix littéraire. Ah, j'entends déjà les commentaires des heureux diplômés : « Autrefois, je confondais volontiers Heidegger et Beigbeder, Musset et Musso, mais après avoir suivi l'enseignement qui conduit au Certificat d'Aptitude au Jugement Littéraire Averti, je siège désormais parmi le jury du prix Renaudot. »

Nul ne doutera plus désormais de la légitimité du lauréat du prix Goncourt quand on saura que ces jurés diplômés connaîtront non seulement la signification de termes tels que *dulçaquicole, hadjdj* ou *bortsch,* mais qu'ils sauront également les orthographier sans erreur ! En outre, lorsqu'ils tomberont dans un roman sur la description d'un rapace appelé *autour,* ils ne s'écrieront plus : « Quel con, cet auteur, il a oublié le V ! » Ils sauront très bien en effet que l'*autour* est un oiseau de proie de la famille des accipitridés qui diffère du *vautour.*

Dès lors, il ne vous restera plus qu'à envisager la création d'un doctorat de Lecteur Averti, réservé aux meilleurs élèves. Des intervenants extérieurs, issus de la critique littéraire ou du monde de l'édition, viendront parfaire la formation des doctorants. Ils leur enseigneront par exemple l'art suprême du juré qui consiste à juger de la qualité d'un livre… sans l'avoir ouvert !

Dans l'attente de votre réponse, veuillez agréer, Madame la Ministre, l'expression de ma très haute considération.

Thierry MAUGENEST

Propositions à propos de la bibliothérapie

En Angleterre, les laboratoires pharmaceutiques font la tête. Et pour cause. Figurez-vous qu'ils sont concurrencés par… les écrivains ! Mais depuis quand les auteurs – tout du moins les livres qu'ils écrivent – peuvent-ils se substituer à des molécules aux vertus thérapeutiques ? Mais depuis toujours, si l'on se souvient de la fameuse catharsis, aussi vieille que la dramaturgie grecque. Mais la nouveauté, outre-Manche, c'est que les médecins anglais, à la suite de leurs homologues danois ou néo-zélandais, peuvent désormais prescrire des abonnements à la bibliothèque destinés à leurs patients souffrant de troubles mentaux tels que la dépression, les crises de panique, la boulimie, les phobies ou les douleurs chroniques. Bien. Très bien même. La question du choix des livres se pose à présent. *Primum non nocere*[1], disait Hippocrate : il ne faudrait surtout pas que les ouvrages aggravent l'état mental des patients ! La Bovary ou Don Quichotte, rendus fous par leurs lectures, en savent quelque chose ! Soyons prudents : imaginez qu'un individu souffrant de névrose obsessionnelle lise *Moby Dick*, qu'un paranoïaque lise *Le Procès* de Kafka, qu'un dépressif lise les œuvres de Houellebecq ou de Cioran, ou qu'un boulimique lise *Gargantua*. Ces patients seront-ils sur la voie de la guérison ou bien, en s'identifiant au personnage du roman, verront-ils leur état empirer ? C'est la question que je

1. Avant tout ne pas nuire.

me pose. La seule manière d'obtenir une réponse est de procéder à un essai clinique. D'un côté, des volontaires liront tel ou tel livre censé les soigner, tandis qu'un second groupe lira le placebo, soit un roman sans relief, tout à fait inoffensif, plein de lieux communs et dont les personnages sont si insignifiants qu'il n'y a aucun risque de s'y identifier. Bref, de la littérature de bas étage, un roman low cost comme ceux écrits par... Non, je ne veux me fâcher avec personne ; je vous laisse donc le soin de dresser ci-dessous la liste des dix pires romans que nous utiliserons comme placebos.

Votre liste

Roman placebo n° 1 ....

Roman placebo n° 2 ....

Roman placebo n° 3 ....

Roman placebo n° 4 ....

Roman placebo n° 5 ....

Roman placebo n° 6 ....

Roman placebo n° 7 ....

Roman placebo n° 8 ....

Roman placebo n° 9 ....

Roman placebo n° 10 ....

Liaisons dangereuses

Voici un extrait de la correspondance de l'auteur des Spaghettis de Baudelaire. *Le premier message lui a été adressé par un écrivain (dont nous tairons le nom) qui s'est plaint d'avoir lu, dans un précédent livre, un court extrait de son œuvre tourné en dérision.*

Monsieur Maugenest,

Vous avez cru bon, dans le livre que vous venez de publier, de citer une phrase de l'un de mes ouvrages. Permettez-moi de vous dire que juger du tout par un extrait est non seulement stupide, mais de surcroît désobligeant à mon encontre. Vous n'ignorez pas qu'isoler une phrase de son contexte la dénature immanquablement. On doit considérer une œuvre dans son ensemble… ou se taire à jamais. Vous qui prétendez connaître Gracq, rappelez-vous qu'il déconseillait de juger un roman de Balzac indépendamment de l'ensemble que constitue *La Comédie humaine*. Ce qui est vrai pour un roman l'est davantage pour une phrase : l'exhumer d'un texte n'a aucun sens. Je vous saurais gré, si vous deviez récidiver dans la production de l'un de ces livres aussi fats qu'inutiles, de cesser d'isoler certains passages de mes ouvrages pour vous en amuser publiquement.

Liaisons dangereuses
(suite)

Réponse de l'auteur

Cher…,

Sachez que la notoriété se mesure au nombre de ses détracteurs. Et quand bien même vous liriez sous ma plume une avalanche de critiques acerbes, souvenez-vous qu'elles ne feraient jamais qu'entériner votre renommée. Être moqué c'est exister, et votre succès médiatique vous aura sans doute fait perdre de vue qu'il n'y a rien de pire pour un auteur que de n'être pas lu. Et comme on ne prête qu'aux riches, on ne brocarde jamais que les écrivains (re)connus. À la manière de Proust, je vous conseille par exemple de prendre ombrage de jeunes filles en fleurs, mais non d'un trait qui se voulait drôle et n'avait rien de désobligeant. Retournant le mot de Beaumarchais, j'ajoute qu'il n'y a d'éloge flatteur qu'en présence de la liberté de blâmer… ou de railler. Puisque vous acceptez les compliments, il vous faut donc vous plier de bonne grâce à la critique. Rappelez-vous enfin que Figaro poursuit ainsi sa tirade « … il n'y a que les petits hommes qui redoutent les petits écrits. »

Bien cordialement,

T. M.

Réflexion à propos des rencontres auteur/lecteurs

Saviez-vous que Toni Morrison – l'immense Toni Morrison, prix Nobel de littérature – s'est livrée à un exercice aussi singulier qu'innovant ? Figurez-vous qu'elle a parlé avec ses lecteurs, puis qu'elle leur a dédicacé certaines de ses œuvres ! Bien. Est-ce une nouveauté ? Tous les auteurs ou presque, petits et grands, s'entretiennent avec leurs lecteurs avant de leur dédicacer leurs œuvres. Certes. Mais Toni Morrison s'est livrée à une séance de signature *sans rencontrer* ses lecteurs. Du moins physiquement. Car ceux-ci se trouvaient derrière un écran d'ordinateur. Et les dédicaces de l'auteur étaient virtuelles, ou numériques si vous préférez. D'écran à écran ! Ce genre d'exercice présente un intérêt majeur pour la littérature. Lequel ? C'est pourtant évident. En réduisant leur interlocuteur à une image sur un écran, les écrivains pourront se débarrasser en un simple clic de ces lecteurs qui, sous prétexte qu'ils vous ont acheté un livre, vous tiennent la jambe pendant une demi-heure. Mais le plus grand avantage de cette innovation venue tout droit des Etats-Unis est d'ordre sanitaire. Savez-vous qu'un auteur à succès rencontre sur un salon du livre jusqu'à trois cents personnes par jour ? Et puis il y a aussi ces lectrices qui veulent à tout prix vous faire la bise ! Difficile alors d'échapper à un virus, surtout en période d'épidémie. Et ce ne sont pas Guillaume Apollinaire ou

Edmond Rostand, le père de *Cyrano de Bergerac*, qui vous diront le contraire, tous deux emportés par la grippe. Seuls désormais les virus informatiques menacent les dédicaces numériques. Vive le progrès ! Et laissons les esprits chagrins agiter la menace d'un univers littéraire stérilisé. Aseptisé. Où les rencontres entre un écrivain et une lectrice, par exemple, seront débarrassées de leurs échanges de phéromones.

Réserves à propos de la mode qui consiste à lire nu (en public !)

Les *Naked Girls Reading* ont fait leur apparition aux Etats-Unis. Il s'agit de membres d'un groupe de lecture – des femmes exclusivement – qui lisent en public des extraits de romans, des nouvelles, des poèmes, et cela sans le moindre vêtement. (Je signale au passage que les *Naked Girls Reading* conservent sur scène les jambes soigneusement croisées.) A titre personnel, j'aime bien les lectures publiques. Je n'oublie pas que, depuis Homère jusqu'aux ménestrels, l'histoire de la littérature se confond avec l'oralité. Pour ne rien vous cacher, j'aime bien aussi la nudité féminine. Donc, me direz-vous, voilà une nouveauté qui a tout pour me réjouir. Eh bien non ! Car je me suis souvenu que si j'aime nager en pleine mer, j'apprécie aussi le risotto. Associer ces deux plaisirs cependant gâterait aussi bien la baignade que le plat. J'aime aussi rebondir sur un trampoline, tout autant que déguster un grand cru vieilli en fût de chêne, mais, là encore, il serait inconfortable de faire les deux en même temps. C'est la même chose pour les *Naked Girls Reading*. Car pour peu que les spectateurs s'intéressent à la chose lue, qu'ils entrent dans le récit qui leur est proposé, qu'ils soient séduits par le style de l'auteur, ils en oublieront tôt ou tard de regarder les filles nues, ce qui serait dommage. Et pour peu qu'ils reluquent les filles sans ciller, ils passeront peut-être à côté d'un texte magnifique ! Non, décidément, il faut faire les choses séparément. Rappelez-vous que Balzac disait qu'une nuit d'amour c'était trente pages de perdues, preuve qu'il ne faisait pas les deux en même temps, lui.

Il y a un temps pour tout.

MIXTE
Papier issu de
sources responsables
FSC™ C003309

Composé par Nord Compo, Villeneuve-d'Ascq, Nord
pour Omnibus, 12, avenue d'Italie, 75013 Paris
http://www.omnibus.tm.fr

Achevé d'imprimer en février 2019
par Normandie Roto Impression s.a.s.
61250 Lonrai (Orne)
N° d'imprimeur : 1900087
Imprimé en France